DAS NOTFALL-KOCHBUCH

Inhalt

Kochen in Krisenzeiten

Krisen kommen stets unerwartet. Die Corona-Pandemie hat das wirklich jedem klargemacht und bei vielen ein Umdenken bewirkt. Die stets gut gefüllten Supermarktregale haben das Thema Vorratshaltung bei den meisten von uns in Vergessenheit geraten lassen. Plötzlich aber gab es da Hamsterkäufe, manche Regale waren von einem auf den anderen Tag wie leergefegt, weil einige sich einen ausreichenden Vorrat an Lebensmitteln (und Toilettenpapier) angelegt hatten.
Denn ganz egal, ob Pandemie wegen eines kleinen Virus, Stromausfall nach einem heftigen Sturm oder nach starkem Schneefall, eine plötzliche Krankheit – die unterschiedlichsten Begebenheiten können den Weg zum Supermarkt verhindern. Ein gut durchdachter Vorrat an Lebensmitteln und anderen Produkten ist deshalb zu jeder Zeit sinnvoll – damit Sie für eventuelle Notfall-Zeiten bestens gerüstet sind.

Allerdings macht es wenig Sinn, einfach wahllos Unmengen an Dosen mit Fertiggerichten in den Keller zu stellen, schließlich möchten Sie sich im Fall der Fälle nicht nur von Ravioli oder Linsensuppe ernähren. Vermutlich denken Sie beim Thema Vorrat auch nicht unbedingt an Wasser oder Medikamente. Deshalb haben wir dieses Buch für Sie geschrieben. Um Ihnen eine gut durchdachte Vorratshaltung zu erleichtern, bei der im Vorfeld Verschiedenes zu beachten ist. Was sind Ihre ganz persönlichen Vorlieben und Bedürfnisse? Müssen Sie bestimmte Lebensmittel meiden, benötigen Sie spezielle Medikamente? Was lässt sich wie und wie lange aufbewahren, und das auch im heißen Sommer ohne Kühlschrank? Was lässt sich mit möglichst wenig Energie zubereiten, sollte der Strom ausfallen? Haben Sie dann überhaupt eine Energiequelle zur Verfügung? Fragen über Fragen. Antworten finden Sie in diesem Buch. Checklisten unterstützen Sie, damit Sie nichts Wichtiges vergessen. Adressen von offiziellen Stellen helfen dabei, schnell den richtigen Ansprechpartner zu finden.

Das Wichtigste in diesem Ratgeber sind die Rezepte. Überlassen Sie Fertiggerichte all denen, die gar nicht kochen können. Denn wir zeigen Ihnen, wie sich mit Zutaten aus dem Vorrat blitzschnell etwas Leckeres zubereiten lässt. Natürlich verbrauchen Sie in einer Notsituation mit Stromausfall zuerst alle Lebensmittel, die sich im Kühl- oder Gefrierschrank befinden. Eventuell können Sie Frisches durch Einlegen in Öl oder Salz länger haltbar machen. Oder Sie schneiden alles klein und verarbeiten es, bunt gemischt, zu einem Wokgericht oder einem schnellen Eintopf. Danach erst werden die haltbaren Vorräte verarbeitet. Wenn Sie alles eingelagert haben, was auf unserer Liste steht, können Sie zwei Wochen lang schnell, abwechslungsreich und auch noch lecker kochen. Die Rezepte im ersten Plan setzen voraus, dass Strom und Wasser zur Verfügung stehen. Beim zweiten Plan dann sind die Bedingungen verschärft durch einen Mangel an Strom und Wasser. Jedoch beide Varianten gelingen und schmecken!

Die offizielle Notfall-Liste

Im Mai 2004 wurde das Bundesamt für Bevölkerungsschutz und Katastrophenhilfe (BBK) als zentrales Organisationselement für die zivile Sicherheit in Deutschland gegründet. Das Amt fordert jeden Bürger auf, einen Vorrat für zehn Tage zu Hause zu haben, um in Krisensituationen versorgt zu sein. Wie und wo genau Sie diese offizielle Liste finden, steht im Anhang dieses Buchs (siehe S. 116/117). Die offizielle Notfall-Liste klingt ziemlich nüchtern und dient nur der allgemeinen Orientierung. Beim Zusammenstellen seines Vorrats sollte dann jeder seine persönlichen Vorlieben, Diätvorschriften und Allergien mit in Betracht ziehen.

Denken Sie bei der Erstellung Ihrer Liste auch daran, dass Sie unter Umständen einige Tage ohne Strom und Wasser auskommen müssen. Am Beispiel Hülsenfrüchte möchten wir das verdeutlichen. Getrocknete Bohnen oder Kichererbsen halten sich ewig lang, sind wunderbar vielseitig – und somit auf den ersten Blick ideal für einen Lebensmittelvorrat. Bis sie auf dem Teller landen, benötigen sie allerdings viel Wasser und Energie, schwierig also, wenn kein Strom zur Verfügung steht. In diesem Fall eignen sich Konserven deutlich besser, da ihr Inhalt bereits gegart ist.

TIPP

Die offizielle Liste des BBK kann als Orientierung dienen, ist jedoch recht allgemein gehalten. Schreiben Sie deshalb Ihre ganz persönliche Notfall-Liste. Was essen Sie gern? Was haben Sie ohnehin im Vorratsschrank? Orientieren Sie sich bei den Mengen an der Liste des BKK.
Noch einfacher: Kaufen Sie anhand unserer Notfall-Liste ein und sorgen Sie zusätzlich fürs Frühstück vor – dann sind Sie gut gerüstet.
Ganz wichtig: an ausreichend Wasser denken!

Die offiziellen Empfehlungen des BKK

Die genannten Mengen decken den Vorrat für eine Person und zehn Tage ab. Sie entsprechen etwa 2200 Kilokalorien pro Tag und dem täglichen Gesamtenergiebedarf eines Erwachsenen.

Getränke: 20 Liter (2 l/Tag)
Der empfohlenen Mindestmenge an Flüssigkeit von 1,5 Litern pro Person und Tag haben wir noch 0,5 Liter hinzugerechnet, um unabhängig von der öffentlichen Trinkwasserversorgung auch Wasser zur Zubereitung von Lebensmitteln wie z.B. Teigwaren, Reis oder Kartoffeln zur Verfügung zu haben.

Getreide, Getreideprodukte Brot, Kartoffeln, Nudeln, Reis: 3,5 kg

Gemüse, Hülsenfrüchte: 4 kg
Denken Sie daran, dass Gemüse und Hülsenfrüchte im Glas oder in Dosen bereits gekocht sind und für getrocknete Produkte zusätzlich Wasser benötigt wird.

Obst, Nüsse: 2,5 kg
Bevorraten Sie Obst in Dosen oder Gläsern und verwenden Sie als Frischware nur lagerfähiges Obst.

Milch, Milchprodukte: 2,6 kg

Fisch, Fleisch, Eier bzw. Volleipulver: 1,5 kg
Bitte beachten Sie, dass frische Eier nur begrenzt lagerfähig sind, Volleipulver hingegen mehrere Jahre.

Fette, Öle: 0,357 kg

Sonstiges nach Belieben, z.B.
Zucker, Süßstoff, Honig, Marmelade, Schokolade, Jodsalz, Fertiggerichte (z.B. Ravioli, getrocknete Tortellini, Fertigsuppen), Kartoffeltrockenprodukte (z.B. Kartoffelbrei), Mehl, Instantbrühe, Kakaopulver, Hartkekse, Salzstangen

Ihre ganz persönliche Vorratsliste

Wie bereits erwähnt, dient die Liste des Bundesamts für Bevölkerungsschutz und Katastrophenhilfe der schnellen Orientierung. Ihre persönlichen Vorlieben sind darin natürlich ebenso wenig beachtet wie Besonderheiten aufgrund von Allergien oder Diäten. Stellen Sie sich deshalb Ihre ganz persönliche Vorratsliste für Notfall-Situationen zusammen.

- Orientieren Sie sich bezüglich der Mengen an der Liste des BBK, dann werden Sie zehn Tage lang garantiert satt und müssen keinen Durst leiden. In den genannten Mengen ist auch das Frühstück mit eingerechnet.
- Durchforsten Sie Ihre Vorratsschränke. Was befindet sich ohnehin (fast immer) darin?
- Gehen Sie einmal ganz bewusst auf die Suche nach Lagerfähigem. Schlendern Sie mit offenen und kritischen Augen durch den Supermarkt. Was steht dort in den offenen Regalen, also weder gekühlt noch in Tiefkühltruhen? Sicher entdecken Sie Lebensmittel, die Sie bisher nicht kannten, die aber über einen längeren Zeitraum auch ohne Kühlschrank für Abwechslung sorgen können.

Single, Paar oder Familie?

Die Empfehlungen des BKK beziehen sich stets auf nur eine Person. Wenn Sie als Paar in einem Haushalt leben oder eine Familie zu versorgen haben, müssen Sie die Mengen entsprechend verdoppeln oder weiter erhöhen. Denken Sie auf jeden Fall an die Vorlieben bzw. an diätetische Einschränkungen jedes Haushaltmitglieds.

Auch unsere Notfall-Liste in diesem Buch ist für eine Person zusammengestellt. Deshalb haben wir beispielsweise kleine Dosen für die Vorratshaltung empfohlen, damit der Inhalt bei einer Mahlzeit (oder maximal zwei Mahlzeiten) aufgebraucht wird. Reste machen wenig Sinn, wenn der Kühlschrank nicht läuft. Sitzen mehr Personen am Tisch, können Sie natürlich größere Dosen in den Vorrat stellen.

Top 5 für Ihre Vorräte

1) Ausreichend Wasser und andere Getränke bevorraten. Wir kommen nur vier Tage ohne Flüssigkeit aus. Das BBK empfiehlt einen Vorrat von ca. 14 Liter Flüssigkeit pro Person und Woche.
2) Beim Einkauf von allen Lebensmitteln auf das Mindesthaltbarkeitsdatum achten – es sollte möglichst weit in der Zukunft liegen.
3) Den Vorrat sinnvoll einräumen, dabei neu Gekauftes immer nach hinten einsortieren.
4) An Vorräte denken, die kalt gegessen oder mit geringem Energiebedarf auf einem Campingkocher zubereitet werden können.
5) Alle Vorräte regelmäßig bezüglich des Mindesthaltbarkeitsdatums kontrollieren und rechtzeitig austauschen bzw. verbrauchen.

Was sonst noch in den Vorrat gehört

Es geht nicht darum, riesige Mengen von allen nur erdenklichen Dingen zu hamstern, aber der persönliche Vorrat sollte doch stets für mindestens zehn bis 14 Tage reichen. Für den Alltag bedeutet das: rechtzeitig für Nachschub sorgen und nicht erst, wenn der Seifenspender fast leer ist oder die letzte Pillenpackung zur Neige geht.
Denken Sie auch einen Schritt voraus: Die für uns selbstverständliche und jederzeit unbegrenzt zur Verfügung stehende Versorgung mit Strom und Wasser kann vorübergehend gestört werden – etwa nach Sturmschäden oder durch ein Hochwasser. Sorgen Sie auch für diese Gelegenheiten vor.

STELLEN UND LEGEN SIE AUSREICHEND HIERVON BEREIT	✓
Seife (und ggf. Desinfektionsmittel)	
Zahnpasta	
Verbandskasten (z.B. im Auto)	
Verschriebene Medikamente	
Sonstige Medikamente, z.B. Mittel gegen Schmerzen, Fieber, Durchfall	
Toilettenpapier	
Müllbeutel	
Taschenlampen samt Batterien	
Kerzen samt Streichhölzern (oder Feuerzeug)	
Campingkocher samt Kartuschen/Brennspiritus. Auch ein Gas- oder Holzkohlegrill kann als Kochstelle dienen, allerdings nur im Freien!!!	
ggf. ein **batteriebetriebenes Rundfunkgerät.** Batterien dafür aber nicht vergessen! Auch hilfreich: solarbetriebenes Radio oder ein Notfall-Radio mit Handkurbel	
ausreichend (Mineral-)Wasser, nicht nur zum Trinken, sondern auch zum Kochen, Zähneputzen, für die „Katzenwäsche“ (mindestens 2 Liter pro Tag und Person)	

Geeignete Zutaten für den Lebensmittelvorrat

Allgemeine Mengenangaben kann man nicht essen. Wenn das BBK empfiehlt, 3,5 kg von der Lebensmittelgruppe „Getreide, Getreideprodukte, Brot, Kartoffeln, Nudeln, Reis“ einzulagern, ist dies sehr abstrakt. Das soll es auch sein, denn so kann jeder seinem Geschmack und seinen Vorlieben folgen. Innerhalb jeder Lebensmittelgruppe gibt es eine Vielzahl an Produkten, die lang haltbar ist und sich deshalb gut für einen Notfall-Vorrat eignet. Haben Sie sie schon entdeckt? Wissen Sie, was dabei zu beachten ist?

Die lebenswichtige Bedeutung von einem ausreichenden Vorrat an Wasser kann nicht oft genug betont werden. Ohne Essen können wir etwa drei Wochen überleben, ohne Wasser nur vier Tage (!). Stellen Sie mindestens 2 Liter Flüssigkeit pro Tag bereits – 1,5 Liter als Getränk und 0,5 Liter zusätzlich für die Zubereitung von Lebensmitteln. Als Getränk eignet sich Mineralwasser am besten, evtl. ergänzt durch Obst- oder Gemüsesäfte. Auch Teebeutel und löslicher Kaffee eignen sich für den Vorrat.

Getreide & Getreideprodukte

- **Mehl:** Ist ungemein vielseitig und lang haltbar, eine Packung Mehl gehört also in jeden Vorratsschrank. Unverzichtbar für Pfannkuchen, Fladenbrote und die schnelle Küche. Tipp: Helles Mehl hält sich länger als Vollkornmehl. Gesundheit muss hier einmal in den Hintergrund rücken.
- **Brote:** Das Angebot ist groß. Zwieback und Knäckebrot sind die Vorratsklassiker, es gibt sie in den unterschiedlichsten Geschmacksrichtungen. Dazu gesellen sich beispielsweise lange haltbare Pitabrote, Teigfladen für Wraps, Grissini, getrocknete getoastete Brötchen. Auch einige Aufbackbrötchen sind mehrere Wochen haltbar.
  Beim Einkauf stets auf das angegebene Mindesthaltbarkeitsdatum achten.
- **Kartoffeln:** Sie lassen sich an einem dunklen, kühlen Ort einige Wochen lagern. Nachteil: Sie haben eine lange Garzeit, brauchen also relativ viel Energie. Tipp: Kleine Kartoffelwürfel müssen nur ca. 5 Minuten kochen, ganze Knollen locker 15 bis 20 Minuten. Für den Notfall-Vorrat besser geeignet sind Trockenprodukte, besonders Kartoffelpüree: Mit geringem Wasser- und Energiebedarf ist es blitzschnell zubereitet.

- **Reis:** Verschiedene Sorten bieten Abwechslung. Beachten Sie die Garzeiten und nehmen Sie für den Notfall-Vorrat z.B. vorgegarten Reis im Folienbeutel (Express-Reis) oder Kurzzeitreis.
- **Nudeln:** je kürzer die Garzeit, desto besser für den Vorrat. Nicht nur die gängigen Weizennudeln bieten sich an, auch Glas- oder Reisnudeln. Ebenfalls geeignet sind Instant-Nudeln, die in heißem Wasser quellen und im Handumdrehen gar sind.
- **Getreidebeilagen:** Ob Maisgrieß (Polenta) oder Weizengrieß, Couscous, Gerstengraupen, Amarant oder Quinoa – was Sie gern essen, gehört in ausreichender Menge in den Vorratsschrank. Ideal für die Notfall-Küche ist alles, was blitzschnell fertig ist, wie beispielsweise Grieß oder Couscous.

Gemüse & Hülsenfrüchte

- **Frisches Gemüse:** hält sich meist nur über einen sehr begrenzten Zeitraum. Lediglich hartes Gemüse wie Möhren und andere Rüben, Kürbis oder Weiß- und Rotkohl können einige Wochen gelagert werden – einen kühlen Keller vorausgesetzt. Auch ohne Kühlung mehrere Wochen haltbar sind Zwiebeln.
- **Gemüse-Konserven:** Da sie bereits gegart sind, sind sie nahezu unbegrenzt haltbar und deshalb perfekt für den Notfall-Vorrat. Stellen Sie verschiedene Sorten davon in den Schrank.
- **Pilze:** als Konserven ebenso wie als Gemüse bestens für den Vorrat geeignet und in verschiedenen Sorten angeboten. Denken Sie auch an getrocknete Pilze, die sorgen in Mini-Mengen für viel Geschmack.
- **Hülsenfrüchte:** Machen satt und liefern viel gesundes Eiweiß. Bevorraten Sie verschiedene Sorten in Gläsern oder Dosen. Konserven sind bereits gekocht und essfertig, für getrocknete Hülsenfrüchte werden hingegen Wasser und Energie benötigt.

Obst & Nüsse

- **Frische Früchte:** sind, mit wenigen Ausnahmen, nur kurz haltbar. Begrenzt lagerfähig sind Äpfel, Birnen und Zitrusfrüchte, allerdings brauchen sie einen kühlen Ort.
- **Obstkonserven:** schmecken pur oder in warmen Gerichten und können zudem Ihr Müsli aufpeppen. Sie sind also stets eine gute Wahl – stellen Sie einige Gläser oder Dosen Ihrer Favoriten in den Schrank.
- **Trockenfrüchte:** Auch hier ist die Auswahl inzwischen groß. Lang haltbar, gehören ein oder zwei Packungen in jeden Vorratsschrank. Zum Knabbern, zum Kochen, fürs Müsli.
- **Nüsse, Kerne & Samen:** Sorgen für Biss und Abwechslung, beim Kochen ebenso wie im Müsli. Auf die Haltbarkeit achten und den Packungsinhalt nach dem Öffnen in fest verschließbare Gläser umfüllen. Dunkel aufbewahren, so halten sie sich am längsten.

Milch & Milchprodukte

- **Milch:** Was im Supermarkt außerhalb der Kühlung steht, lässt sich auch ohne Kühlung aufbewahren, meist monatelang.
- **Milchprodukte:** Im Kühlschrank sind abgepackte Hartkäse und geriebener Käse, Feta und Frischkäse wochenlang haltbar. Wenn allerdings der Strom ausfällt, sieht es nicht mehr so einfach aus, nur wenige Milchprodukte sind ungekühlt über längere Zeit haltbar. Wie bei Milch gilt, dass alles, was im Supermarkt nicht in der Kühlung steht oder liegt, auch zu Hause nicht in den Kühlschrank muss. Für Abwechslung sorgen beispielsweise einige Schmelzkäse-Sorten, Kondensmilch, H-Sahne.

Fisch & Fleisch & Eier

- **Fisch:** Voll- oder Dauerkonserven sind auch ungekühlt länger als ein Jahr haltbar. Am beliebtesten ist Thunfisch, probieren Sie aber auch Hering in verschiedenen Zubereitungsformen, Räucherfisch, Makrelen, Sprotten und Krabben. Bitte nicht verwechseln mit „Fischpräserven", die im Kühlregal stehen und nicht lange aufbewahrt werden können.
- **Fleisch & Wurst:** Roher Schinken und Hartwurst wie Salami sind am längsten haltbar, etliche Hartwurstvarianten kommen sogar ohne Kühlung aus und eignen sich bestens für den Notfall-Vorrat. Doch auch sonst ist das Angebot groß. Es gibt diverse Wurstsorten oder eingemachtes Fleisch in Dosen, Trockenfleisch wie Schinkenchips, eingeschweißte Markklößchen und noch weit mehr.
- **Eier:** Frische Eier sind nur begrenzt lagerfähig, ein paar sollten Sie aber dennoch immer im Vorrat haben. Wichtig ist, dass Sie nicht mehr ganz frische Eier stets komplett durchgegart essen. Als Alternativen für frische Eier gibt es veganen Ei-Ersatz, der meist in kleinen Tütchen verkauft wird. Zudem erhältlich ist Volleipulver. Hier entsprechen 100 Gramm Pulver ungefähr 8 Eiern, das Pulver wird mit Wasser angerührt.

Fette & Öle

- **Butter & Margarine:** Sie finden sich meist ohnehin im Kühlschrank. Sorgen Sie stets rechtzeitig für Nachschub und bedenken Sie dabei, welche Menge Sie durchschnittlich innerhalb von zwei Wochen verbrauchen. Auch ohne Kühlung lässt sich beides eine Weile aufbewahren. Problematisch wird es nur in sehr heißen Sommern und in Dachgeschosswohnungen – dann schmilzt das Streichfett vermutlich.
- **Öle:** Dunkel aufbewahrt, sind die meisten Sorten lang haltbar. Je eine Flasche neutrales Öl (z.B. Raps- oder Sonnenblumenöl) und eine Flasche Olivenöl gehören eigentlich ohnehin in fast jeden Vorratsschrank.

Sonstiges nach Belieben

- **Fürs Frühstück:** „Süße" stellen neben Brotsorten (siehe S. 8) Honig oder Konfitüren in den Schrank, „Herzhafte" eher Dosen mit Streichwurst. Müsli-Frühstücker sorgen am besten mit Mischungen oder Getreideflocken vor, außerdem natürlich mit H-Milch, Säften, Konserven- oder Trockenfrüchten (siehe S. 9). Mehr dazu finden Sie im Frühstückskapitel.
- **Zucker & Süßstoff:** für Kaffee bzw. Tee oder evtl. fürs Müsli.
- **Gewürze:** Salz, Pfeffer, Instant-Brühe und Essig stehen ohnehin in jedem Haushalt bereit, auch verschiedene Gewürze sind meist vorhanden. Sie sorgen (nicht nur) in Notzeiten für Abwechslung. Übrigens sind Knoblauch-Knollen lang haltbar und auf alle Fälle aromatischer als Knoblauchpulver.
- **Kräuter:** Frisches toppt hier stets Getrocknetes, ist aber nicht immer vorhanden. Wer über Garten oder Balkon verfügt, kann frische Kräuter anbauen und diese zwischen Frühjahr und Herbst blättchenweise ernten. Bei getrockneten Kräutern lieber ein oder zwei Favoriten in den Schrank stellen als viele verschiedene Sorten. Viel Aroma liefern beispielsweise getrockneter Thymian, Majoran und Oregano.
- **„Natürliche Geschmacksverstärker":** Kapern, Sardellen, Tomatenmark, Paprikamark, getrocknete Pilze, Oliven, Sojasauce – all das sind nahezu unendlich lang haltbare Lebensmittel, die den Geschmack der sonstigen Zutaten verstärken.
- **Fertiggerichte:** Braucht man sie tatsächlich? Besser ist es, aus mit Bedacht zusammengestellten Zutaten selbst etwas Leckeres zu kochen. Ideen finden Sie in diesem Buch.
- **Süße und salzige Knabbereien:** Als Seelenfutter und Stresskiller sind sie in kleinen Mengen gut geeignet. Disziplin ist gefordert, damit nicht alles in einem Rutsch genascht wird.

WWWW –
wie und wo wird was gelagert?

Die Corona-Krise hat bei vielen Menschen ein Umdenken bewirkt. Dank der jederzeit prall gefüllten Supermärkte war das Thema Vorratshaltung bei den meisten von uns in Vergessenheit geraten. Dann aber gab es plötzlich Hamsterkäufe, wir standen vor gähnend leeren Regalen. Gut dran war in diesen Wochen jeder, der bereits den schon vor Jahren veröffentlichten Empfehlungen der Regierung gefolgt war und auf einen ausreichenden Lebensmittelvorrat zurückgreifen konnte. Ohnehin ist ein gut durchdachter Vorrat jederzeit sinnvoll. So sind Sie nicht nur für Notfall-Zeiten gerüstet, sondern auch für überraschenden Besuch oder wenn Sie einmal ganz einfach keine Lust oder Zeit haben, um zum Supermarkt zu laufen.

Wohin mit den Vorräten?

Ein Kühlschrank ist heutzutage eine Selbstverständlichkeit: Er sorgt dafür, dass Lebensmittel über einen längeren Zeitraum aufbewahrt werden können. Allerdings ist der Platz begrenzt. Und: Ein Kühlschrank kann ausfallen, vorbei ist es mit der konservierenden Kälte. Liegt ein Defekt am Gerät vor, werden Sie recht schnell für Ersatz sorgen können. Wie aber sieht es mit Ihren Vorräten aus, wenn tagelang der Strom ausfällt? Etwa nach einem heftigen Sturm oder nach starkem Schneefall? Dann ist jeder froh und dankbar, der ausreichend Lebensmittel in seinen Vorratsschänken hat. Ohnehin muss nicht in den Kühlschrank, was länger haltbar ist und für die Lagerung keine Kälte benötigt.

Früher gab es in jedem Haushalt eine kühle und dunkle Speisekammer. Die ist leider in Vergessenheit geraten und der Platzplanung in Wohnungen zum Opfer gefallen. Auch kühle Kellerräume, in denen Kartoffeln oder Zwiebeln, Obst oder Gemüse gelagert wurden, sind eher eine Seltenheit.

Heute muss zumeist der Platz in den Vorratsschränken der Küche ausreichen. Umso wichtiger ist es, das Einlagern gut zu planen. Dabei ist das WAS ebenso zu beachten wie das WO. Einiges gehört in den Kühlschrank, anderes in den Vorratsschrank. Ebenfalls wichtig: Wie lang können die Zutaten aufbewahrt werden?

Wichtig zu beachten: Stellen Sie nicht zu viel in die Schränke, achten Sie auf gut verschlossene Verpackungen bzw. füllen Sie dafür geeignete Lebensmittel in gut verschließbare Vorratsdosen um. Dabei sollten Sie an das Beschriften denken und auch das Haltbarkeitsdatum vermerken. Ebenfalls wichtig ist die regelmäßige Kontrolle der Vorräte. Wird nachgekauft, gehört das Neue stets nach hinten.

Was gehört wo in den Kühlschrank?

Im Jahr 1876 erfand Carl von Linde den Kühlschrank – heute ist er für uns längst selbstverständlich geworden. Hier kann das ganze Jahr hindurch Frisches wie Fisch und Fleisch, Käse und Milch eine Weile aufbewahrt werden, ohne zu verderben.
Wie räumen Sie Ihren Kühlschrank ein? Kommt Gekauftes einfach dorthin, wo gerade Platz ist? Oder hat alles einen festen Platz? Ist das der beste Platz für das jeweilige Lebensmittel? Wieso diese Frage berechtigt ist? Nicht überall im Kühlschrank ist es gleich kalt. Ganz unten im Gerät herrschen die niedrigsten Temperaturen, weil kalte Luft stets nach unten sinkt. Auch in der Nähe des Verdampfers, der die Kälte erzeugt und sich meist in der Rückwand des Gerätes befindet, ist es kälter. In den Fächern der Kühlschranktür ist es hingegen stets etwas wärmer.
Was findet also wo seinen Platz? Ins Gemüsefach (heute oft eine Frischezone) ganz unten gehören Obst und Gemüse. Eine Ebene höher lagern Fisch und Fleisch, gefolgt von zubereiteten Speisen, Milch und Milchprodukten einschließlich Käse. In der Tür finden Getränke und Saucen sowie Butter ihren Platz. Wichtig ist stets, dass alles abgedeckt oder in fest verschlossenen Boxen in den Kühlschrank gestellt wird. So kann nichts austrocknen und auch die Übertragung von Geschmack, Geruch oder gar Keimen wird verhindert.

Das Mindesthaltbarkeitsdatum

Oft sind sie schwer zu finden oder zu lesen, aber dennoch wichtig: die Angaben zum Mindesthaltbarkeitsdatum (MHD), das fast auf jedem Lebensmittel vermerkt sein muss. Das Datum gibt an, bis zu welchem Tag der Hersteller des Lebensmittels die einwandfreie Qualität des Inhalts garantiert. Wichtig zu wissen: Es bedeutet nicht, dass etwas mit dem Erreichen des genannten Tages verdorben ist. Bevor Sie etwas mit abgelaufenem Mindesthaltbarkeitsdatum wegwerfen, sollten Sie es stets genau prüfen. Verlassen Sie sich auf Ihre Sinne. Was aussieht und riecht wie immer, ist meist noch in Ordnung. Probieren Sie eine kleine Menge. Schmeckt es wie gewohnt, kann das Lebensmittel bedenkenlos gegessen werden.

Meal-Prepping

Was ziemlich modern klingt, ist eigentlich sehr traditionell. Beim Kochen gleich für den nächsten Tag vorausdenken – das heißt heute „Meal-Prepping". Dabei war das Vorkochen früher weitverbreitet, bei großen Braten ebenso wie bei Eintöpfen, die bekanntlich nach dem Aufwärmen ohnehin besser schmeckten.

Heute sind eher volle Terminkalender, die wenig Zeit zum Kochen übrig lassen, der Grund für „einmal kochen – zweimal essen". Der Wunsch, etwas selbst Zubereitetes mit an den Arbeitsplatz zu nehmen, hat den Trend zum Vorkochen zudem befeuert.
Auch in Notfall-Zeiten kann Meal-Prepping hilfreich sein. Durchforsten Sie Ihre Vorräte und überlegen Sie, was Sie davon in den nächsten Tagen essen möchten. Meal-Prepping funktioniert allerdings nur, wenn der Kühlschrank nicht ausgefallen ist, denn einmal Zubereitetes ist ohne Kühlung meist nicht haltbar. Zudem würde jedes Aufwärmen erneut Energie kosten – und die ist bekanntlich Mangelware, wenn kein Strom durch die Leitungen fließt.

Was wird wo gelagert?

LEBENSMITTEL	EMPFOHLENER LAGERORT	TIPPS
Obst & Gemüse (frisches)	meist im Kühlschrank; Zwiebeln und Knoblauch bei Zimmertemperatur	• gut verpackt lagern • bester Ort ist das Gemüsefach des Kühlschranks • bei Schimmelbefall komplett entsorgen • Äpfel verströmen Gas, das andere Früchte schneller reifen lässt; deshalb getrennt lagern
Milch & Milchprodukte, Käse	im Kühlschrank; H-Milch im Vorratsschrank	• MHD beachten und häufig kontrollieren; nach Ablauf zuerst eine kleine Menge probieren • bei Schimmel komplett entsorgen (bei Hartkäse reicht großzügiges Wegschneiden)
Eier	möglichst im Kühlschrank	• meist 1–2 Wochen über das MHD hinaus essbar • bei abgelaufenem Datum möglichst durchgaren
Nudeln, Reis, Getreide	im Vorratsschrank	• trocken und verschlossen lagern • meist lang über das MHD hinaus essbar
Kartoffeln	an einem kühlen, dunklen und trockenen Ort (Speisekammer/Keller)	• für längere Vorratshaltung heutzutage kaum geeignet, weil Lagermöglichkeiten fehlen • grüne Stellen und Keime großzügig wegschneiden; bei starkem Befall Knollen ganz entsorgen

LEBENSMITTEL	EMPFOHLENER LAGERORT	TIPPS
Brot	kurzfristig bei Zimmertemperatur im Brotkasten; an heißen Tagen im Kühlschrank	• nur wenige Produkte sind für den Notfall-Vorrat geeignet • bei abgepacktem Brot regelmäßig das MHD kontrollieren • bei Schimmelbefall ganz entsorgen
Konserven (Obst & Gemüse)	im Vorratsschrank (geöffnet im Kühlschrank)	• MHD beachten • bei gewölbtem Deckel entsorgen • Angebrochenes umfüllen, verschlossen im Kühlschrank lagern
Fleisch & Fisch	Frisches stets im Kühlschrank; Konserven im Vorratsschrank	• Frisches hat stets sehr kurze Haltbarkeit – ungeeignet für Notfall-Vorräte • bei Schimmelbildung, Geruchsentwicklung oder optischer Veränderung entsorgen
Wurst & Schinken	meist verpackt im Kühlschrank, einige Sorten auch ohne Kühlung	• Frisches nur kurz haltbar • Salami & Co. sowie Schinken im Ganzen sind monatelang haltbar; MHD beachten • bei Schimmelbildung, Geruchsentwicklung oder optischer Veränderung entsorgen
Gewürze	im Vorratsschrank (dunkel und gut verschlossen)	• nicht feucht werden lassen; nicht direkt aus der Dose über kochendes Essen geben (Feuchtigkeit und Wärme dringen in die Dose ein; guter Nährboden für Keime und Bakterien) • nach Ablauf des MHD schwindet das Aroma
Nüsse	im Vorratsschrank	• enthalten viel Fett und werden ranzig; kühle Lagerung verzögert Verderb • bei Schimmelbefall komplett entsorgen, da sehr giftig

Kräuter und Gewürze für noch mehr Geschmack

In unseren Notfall-Rezepten setzen wir Kräuter nur sehr sparsam ein. Lediglich getrockneter Thymian und Kräuter der Provence stehen als Allrounder auf unserer Vorratsliste. Gelegentlich geben wir Tipps, welche frischen Kräuter gut als Ergänzung passen würden, aber alles gelingt und schmeckt auch ohne. Vor allem im Winter sieht es ja ohnehin mit Frischem eher dürftig aus. Dennoch: Kräuter sind bei vielen Speisen das i-Tüpfelchen, sorgen für viel Geschmack, Abwechslung und Vitamine. Gründe genug, Kräuter beim Kochen häufig zu verwenden und für eventuelle Notfälle zu bevorraten.

Auf Balkon oder Fensterbank

Glücklich kann sich schätzen, wer einen Garten mit Kräuterbeet sein eigen nennt. Aber auch mit weniger Platz und minimalem Aufwand lässt sich für konstanten Frischekick sorgen. Stellen Sie sich zwei oder drei Kräutertöpfchen auf die Fensterbank – so ist für Nachschub jederzeit gesorgt. Pflegeleicht sind vor allem die mediterranen Kräuter, also Thymian, Majoran, Oregano, Salbei und Rosmarin. Aber auch Petersilie und Schnittlauch lassen sich problemlos ziehen. Noch einfacher ist es mit Minze und Zitronenmelisse, die Pflanzen gedeihen im Garten nahezu wie Unkraut und kommen selbst nach einem harten Winter wieder aus dem Boden. Nicht so einfach geht das bei Basilikum – manchmal wachsen die Blättchen nach, oft aber sind die in Töpfchen gekauften Pflanzen nach wenigen Tagen hinüber. Probieren Sie einmal, die einzelnen Triebe im Topf gleich nach dem Kauf in mehrere Töpfe umzupflanzen, damit sie mehr Platz und bessere Erde zur Verfügung haben.

Getrocknet und tiefgefroren

Wer gern kocht, hat sicher einige Döschen mit getrockneten Kräutern im Küchenschrank. Auch beim Trocknen gilt, dass robuste mediterrane Kräuter (Thymian & Co.; siehe oben) ihr Aroma bewahren. Zarte Blättchen wie Basilikum, Minze, Koriandergrün oder auch Petersilie verlieren allerdings den größten Teil des feinen Geschmacks, oftmals schmecken

sie in getrocknetem Zustand sogar grasig oder muffig. Auf diese Kräuter sollten Sie also lieber verzichten.
Völlig anders sieht es mit Tiefkühlkräutern aus, im gefrorenen Zustand wird das Aroma der meisten Kräuter bestens konserviert. Wenn allerdings der Strom ausfällt, ist es mit der Kälte im Gefrierfach oder Tiefkühlschrank schnell vorbei. Auch wenn tiefgefrorene Kräuter im Alltag für feine und schnelle Abwechslung sorgen, sind sie für die Notfall-Küche weniger gut geeignet.

SORTE	TROCKNEN	EINFRIEREN	IN ÖL EINLEGEN	IN SALZ EINLEGEN
Basilikum	nein	ja	ja	ja
Bohnenkraut	ja	ja	ja	ja
Dill	nein	ja	nein	nein
Estragon	nein	ja	ja	ja
Gartenkresse	nein	ja	nein	nein
Kerbel	nein	ja	nein	nein
Koriandergrün	nein	ja	ja	nein
Liebstöckel	ja	ja	nein	ja
Lorbeer	ja	nein	ja	nein
Majoran	ja	ja	ja	ja
Minze	ja	ja	ja	nein
Oregano	ja	ja	ja	ja
Petersilie	nein	ja	ja	nein
Rosmarin	ja	ja	ja	ja
Salbei	nein	ja	ja	ja
Schnittlauch	nein	ja	nein	nein
Thymian	ja	ja	ja	ja
Zitronenmelisse	nein	ja	nein	ja

Frische Kräuter selbst konservieren

Unser Tipp: Fangen Sie das feine Aroma der mal zarten, mal robusten Blättchen zum richtigen Zeitpunkt ein und legen Sie Ihren ganz persönlichen Kräutervorrat an. Dazu nehmen Sie möglichst frische, aromatisch duftende Kräuter, die die volle Sommersonne genießen durften. Wenn Sie einen eigenen Kräutergarten haben, pflücken Sie die Kräuter am besten in den Morgenstunden. Zudem sollten Sie Ihre Ernte umgehend verarbeiten. Denken Sie daran, dass sich nicht alle Kräuter für jede Konservierungsmethode eignen.

Einfrieren lassen sich die meisten Kräuter. Die Blättchen abbrausen, gut abtrocknen und hacken oder fein schneiden, auf einem breiten TK-Blech verteilen und rasch gefrieren lassen, erst dann in Kunststoffdosen umfüllen. Die Dosen fest verschließen, beschriften und wieder in den Tiefkühler stellen. Durch das Vorfrosten können Sie später die gewünschte Menge entnehmen und den Rest weiterhin aufbewahren. Bei Stromausfall allerdings ist ein TK-Vorrat nicht hilfreich.

Trocknen ist nur für wenige Kräuter geeignet. Zwar gibt es fast alle Arten in getrockneter Form zu kaufen, viele riechen und schmecken jedoch muffig. Gut geeignet sind nur die würzigen, robusten Mittelmeerkräuter. Wenn Sie diese in Ihrem Garten angebaut haben, können Sie einige Zweige abschneiden, die Zweige zusammenbinden und kopfüber an einem warmen, luftigen und möglichst dunklen Ort aufhängen. Nach dem Trocknen streifen Sie die Blättchen oder Nadeln von den Stielen und füllen sie um. Bewahren Sie sie gut verschlossen und dunkel auf, so behalten die Kräuter ihr Aroma für längere Zeit.

Einsalzen ist eine gute Konservierungsmethode, allerdings sollte man bei der späteren Dosierung aufpassen. Und so geht es: frische Kräuter abbrausen, sehr gut abtrocknen und hacken oder fein schneiden, dabei alle groben Stiele entfernen. Die zerkleinerten Kräuter dann zusammen mit Salz in ein Glas schichten: Für 100 g Kräuter brauchen Sie etwa 4 Teelöffel Salz. Die Kräuter an einem kühlen dunkeln Ort ziehen lassen. Setzt sich Flüssigkeit ab, noch etwas Salz obenauf streuen.

In Öl einlegen lassen sich insbesondere die aromatischen Mittelmeerkräuter. Dafür die Blättchen oder Nadeln gründlich abtrocknen, hacken und mit etwas Salz in ein Glas schichten, dann gut mit Olivenöl bedecken. Wichtig: Die Kräuter müssen stets gut mit Olivenöl bedeckt sein.

Gewürze für noch mehr Geschmack

Ebenso wie Kräuter sorgen Gewürze für Abwechslung. Wer häufig und gern kocht, wird verschiedene Sorten in der Küche haben. Unsere Rezepte der Notfall-Küche erfordern nur wenige Gewürze, letztendlich sollten Sie sich auch hier auf das beschränken, was Sie tatsächlich verwenden. Neben Salz und Pfeffer brauchen Sie für die Rezepte in diesem Buch jedoch ausschließlich Curry- und edelsüßes Paprikapulver.

Allerdings möchten wir auch Kochmuffel dazu ermutigen, ihr Repertoire an Gewürzen immer mal wieder zu verändern und zu erweitern. Schließlich lassen sich so schnell und unkompliziert neue

Geschmackserlebnisse zaubern. Ein weiterer Pluspunkt von Gewürzen: Obwohl sie meist nur in kleinen Mengen verwendet werden, leisten sie dennoch einiges für unsere Gesundheit. Denn sie enthalten – in unterschiedlicher Menge und Zusammensetzung – Senföle, Bitterstoffe, Gerbstoffe, ätherische Öle, Antioxidantien und Mineralien. Diese Stoffe regen den Appetit und die Verdauung an, stärken Magen, Leber und Galle ebenso wie die Abwehrkräfte und den Darm.

Ganz oder gemahlen?

Gemahlene Gewürze sind einfach zu dosieren und deshalb besonders praktisch. Allerdings verlieren diese Pulver rasch an Aroma – kaufen Sie deshalb stets nur kleine Mengen. Länger haltbar und deutlich aromatischer sind unzerkleinerte Gewürze, deren Gehalt an gesunden Inhaltsstoffen auch deutlich höher ist. Greifen Sie, wann immer möglich, zu ganzen Samen, Kapseln und Schoten und zerkleinern Sie sie erst bei Verwendung. Die Gewürzkörnchen und -samen bekommen Sie in gut sortierten Super- oder auf Wochenmärkten. In großer Auswahl und preiswerter werden Sie in asiatischen, griechischen, türkischen oder arabischen Lebensmittelläden fündig.
Ob ganz oder gemahlen: Gewürze gehören immer in dunkle, luftdicht verschlossene Gefäße, denn Licht, Wärme und Sauerstoff schaden den Aromen. Die oftmals übliche Aufbewahrung in transparenten Gläsern im offenen Gewürzregal ist denkbar ungeeignet. Stellen Sie durchsichtige Gläschen immer in den (dunklen) Küchenschrank. Ebenfalls wichtig: Mindestens einmal im Jahr sollten Sie Ihre Gewürzvorräte überprüfen, indem Sie daran riechen und einige Krümel zwischen den Fingern zerreiben. Verströmen sie keinen feinen Duft mehr, sollten Sie die Gewürze ersetzen.

Anrösten für mehr Aroma

Viele Gewürze geben ihr Aroma erst beim Erhitzen frei. Kaufen Sie ganze Samen und rösten Sie diese langsam in einer trockenen Pfanne, bis sie angenehm duften. Vorsicht, die Samen sollen keineswegs dunkel werden und verbrennen, sonst schmecken sie bitter. Anschließend werden die gerösteten Gewürzsamen fein zerkleinert. Dafür können Sie einen Mörser verwenden, schneller geht's im Mixer oder in einer speziellen Gewürzmühle. Auch eine elektrische Kaffeemühle eignet sich bestens – es gibt sie für kleines Geld zu kaufen.

Unsere Lebensmittel-Liste für den Notfall-Vorrat

Wir haben für Sie eine detaillierte Liste zusammengestellt, anhand derer Sie zwei Wochen lang täglich zwei Gerichte zubereiten können. Einfach, aber doch abwechslungsreich. Schnell, aber doch lecker, um die Stimmung wenigstens ein wenig zu heben. Egal, ob Strom, Wasser und Kühlschrank zur Verfügung stehen oder selbst diese für uns so alltäglichen Dinge ausfallen.

- Frisches taucht mit der Ausnahme von Zwiebeln in der Liste nicht auf – ohne Kühlung ist Frisches nur sehr begrenzt haltbar. Und es geht bei unserem Vorrat nicht darum, ihn wöchentlich aktualisieren zu müssen.
- Lediglich Käse und Schinken warten im Kühlschrank auf ihren Auftritt und werden, wenn der Strom ausfällt, in den ersten Tagen verarbeitet. Jeder Kühlschrank bleibt ja auch nach Notfall-Eintritt einige Tage zumindest kühl.
- Tiefgekühltes haben wie außen vor gelassen – ohne Strom kein Gefrieren.
- Unser Vorrat enthält ausschließlich Zutaten, die schnell gar sind, damit der Energieverbrauch möglichst gering gehalten wird. Niemand hat bei einem Stromausfall unbegrenzt Brennstoff zur Verfügung.
- Wird für ein Rezept eine Packung geöffnet, kommt der Inhalt entweder sofort komplett in den Topf oder wird an einem der folgenden Tage verarbeitet. Etliche Lebensmittel sind zwar ungeöffnet ohne Kühlung haltbar, nach dem Öffnen aber nur noch kurze Zeit.
- Lediglich Packungen von Nudeln, Maisgrieß (Polenta), Mandeln etc. werden in den 14 Tagen nicht unbedingt komplett verarbeitet – der übrige Vorrat ist nach den zwei Wochen verbraucht.

TIPP

Diese Zutaten sollten Sie zusätzlich zu unserer Notfall-Liste im Vorrat haben.

- Salz & Pfeffer
- edelsüßes Paprikapulver
- Currypulver
- Olivenöl
- Raps- oder Sonnenblumenöl
- Balsamico oder Weißweinessig
- Instant-Brühe
- Mehl & Zucker
- Knoblauch
- Honig oder Ahornsirup
- getr. Thymian
- getr. Kräuter der Provence
- evtl. sonstige frische oder getrocknete Kräuter
- evtl. Sojasauce
- evtl. Backpulver und/oder Hefe

Wichtig: Zutaten für das Frühstück an den 14 Tagen müssen Sie zusätzlich einkaufen. Mehr dazu ab Seite 26.

ZUTAT	MENGE*	BITTE BEACHTEN	ALTERNATIVEN	✓
Obst & Gemüse				
Zwiebeln (eher kleine Exemplare)	1 kg	Vorräte häufig kontrollieren; weich werdende Exemplare zuerst verwenden		
Milch & Milchprodukte & Eier				
H-Milch (Tetrapack; je 500 ml)	2			
Feta (kleine Pck.; 150 g)	1	Lagerung im Kühlschrank; Haltbarkeitsdatum beachten	geriebener Käse (kleine Tüte mit 150 g)	
Schmelzkäse (Pck. mit 8 Ecken à ca. 30 g = 250 g; ohne Kühlung haltbar)	1	beim Kauf beachten, dass der Käse möglichst ohne Kühlung lagerfähig ist		
geriebener Käse (kleine Tüte mit 150 g)	1	Lagerung im Kühlschrank; Haltbarkeitsdatum beachten		
Eier (Karton mit 10 Stück)	1	Lagerung im Kühlschrank; Haltbarkeitsdatum beachten; ältere Eier stets durchgaren	Volleipulver oder Ei-Ersatz in kleinen Tütchen	
Nudeln, Kartoffeln, Reis etc.				
Nudeln (Pck. mit 500 g; z.B. Girandole mit nur 6 Min. Kochzeit)	1		andere Nudeln mit kurzer Garzeit	
Capellini (= dünne lange Nudeln; Pck. mit 500 g; mit nur 3 Min. Kochzeit)	1		Spaghetti; die haben aber eine etwas längere Garzeit	
Couscous (Pck. mit 500 g)	½		Amarant	
Polenta (= Maisgrieß; Pck. mit 500 g)	½		Weizengrieß	
Express-Reis (Pck. mit 250 g)	2			
Kartoffelpüree (Pck. mit 2 × 2 Portionen)	1			
Weizen-Tortillafladen (20 cm Durchmesser; Pck. mit 6 Stück à ca. 40 g)	1			

* Mengenangaben in allen Tabellen gelten für 1 Person

ZUTAT	MENGE	BITTE BEACHTEN	ALTERNATIVEN	✓
Konserven (Obst- und Gemüse)				
gehackte Tomaten (Dose mit 400 g)	3		stückige Tomaten	
getrocknete Tomaten in Öl (Glas; ca. 280 g Inhalt)	1		getr. Tomaten in Marinade oder weiche getr. Tomaten	
Kapern (kleines Glas; ca. 60 g Abtropfgewicht)	1		Oliven	
weiße Bohnenkerne (kleines Glas; ca. 130 g Abtropfgewicht)	1		Kidneybohnen	
Kidneybohnen (kl. Dose; ca. 125 g Abtropfgewicht)	2		weiße Bohnenkerne	
Erbsen (kleine Dose; ca. 140 g Abtropfgewicht)	2		Erbsen mit Möhren, grüne Bohnen	
Erbsen mit Möhren (kleine Dose; ca. 130 g Abtropfgewicht)	1		Leipziger Allerlei, grüne Bohnen	
Kichererbsen (kleine Dose; ca. 130 g Abtropfgewicht)	2		Kidneybohnen oder weiße Bohnenkerne	
Maiskörner (kleine Dose; ca. 140 g Abtropfgewicht)	3			
Sauerkraut (kleine Dose; ca. 285 g Abtropfgewicht)	1			
Pfifferlinge (kleines Glas; ca. 100 g Abtropfgewicht)	1		Champignons oder andere Pilze	
Champignons (kl. Dose; ca. 170 g Abtropfgewicht)	1		Pfifferlinge oder andere Pilze	
Sojabohnenkeime (kl. Glas; ca. 160 g Abtropfgew.)	1		Mungobohnenkeime	
Sauerkirschen (kl. Glas; ca. 185 g Abtropfgewicht)	1			
Ananas (Scheiben) (kleine Dose; ca. 140 g Abtropfgewicht)	1			

ZUTAT	MENGE	BITTE BEACHTEN	ALTERNATIVEN	✓
Mandarinen (kleine Dose; ca. 175 g Abtropfgewicht)	1			
Fleisch & Fisch				
luftgetrocknete Hartwurst (z.B. Kaminwurzen als kl. Pck. mit 8 Stk. = 150 g)	1	Haltbarkeitsdatum beachten	jede Hartwurst eignet sich; Mengen beachten	
rohe Schinkenwürfel (mager) (Pck. mit 3 à 50 g)	1	Lagerung im Kühlschrank; Haltbarkeitsdatum beachten		
Corned Beef (Glas; ca. 200 g Inhalt)	1		andere Fleischwaren in Dosen oder Gläsern	
Hähnchenfleisch (Dose; ca. 300 g Inhalt)	1		andere Fleischwaren in Dosen oder Gläsern	
Thunfisch (kleine Dose; ca. 56 g Abtropfgewicht)	1		Sardinen oder andere Fischkonserven	
Heringsfilets in Tomatensauce (Dose; ca. 200 g Inh.)	1		Thunfisch oder andere Fischkonserven	
Sonstiges				
gekochte Rote Beten (eingeschweißt im Folienbeutel; ca. 500 g Inhalt)	1		Lieblingsgemüse in Dosen	
Pesto rosso (Glas; ca. 200 g Inhalt)	1	geöffnet im Kühlschrank; Oberfläche mit Öl bedeckt	Pesto genovese	
getrocknete Cranberrys (Pck.; ca. 200 g Inhalt)	1		Rosinen oder andere Trockenfrüchte	
Mandeln (Pck.; ca. 200 g Inhalt)	1	ungeschälte Mandeln halten sich länger als geschälte	Hasel- oder Walnüsse; Mandeln lassen sich am längsten lagern	
geröstete Cashew- oder Erdnusskerne (Pck.; ca. 150 g Inhalt)	½		Mandeln, andere Nüsse oder Sonnenblumenkerne	
Hafercreme (Tetrapack; ca. 250 ml Inhalt)	1		Soja- o. andere Pflanzencreme zum Kochen	
Kokosmilch (kleines Tetrapack; ca. 200 ml Inhalt)	1		Kokosnusspulver	

Frühstück aus dem Vorrat

Ob Frühaufsteher oder Langschläfer – auch und gerade in Krisensituationen sollten Sie auf das Frühstück nicht verzichten. Es bringt unseren Körper morgens auf Touren und liefert die notwendige Energie, mit der wir die Aufgaben des Tages gut meistern können. Ganz gleich, ob Sie gern süß oder herzhaft starten, Brot oder Müsli lieben – sorgen Sie für ausreichend Zutaten in Ihrem Vorrat.

Gehört auch in den Vorrat: Zutaten für das Frühstück

TIPP

Frühstücksmuffel lassen die erste Mahlzeit des Tages gern sausen, besorgen sich auf dem Weg zur Arbeit einen Kaffee und hangeln sich mit Snacks durch den Vormittag. Unser Tipp für Notfall-Zeiten: Wer morgens erst einmal nichts essen mag, frühstückt eben etwas später am Vormittag und schiebt Mittag- und Abendessen ebenfalls zeitlich nach hinten.

In unserer Notfall-Liste finden Sie alle Lebensmittel, die Sie für die Mittags- und Abendmahlzeiten für zwei Wochen benötigen. Wir möchten Ihnen zeigen, wie es sich mit wenigen Zutaten einfach und doch abwechslungsreich kochen lässt.
Zusätzlich zu dieser Liste sollten Sie für die erste Mahlzeit des Tages einen Vorrat anlegen, damit Sie gut gestärkt in den Tag starten können. In Notfall-Zeiten ist das genauso wichtig wie im normalen Alltag, schließlich muss Ihr Körper einer ungewohnten und vermutlich sehr stressigen Situation trotzen können.
Dabei ist es wenig sinnvoll, wenn wir Marmelade und Honig empfehlen, Sie aber morgens stets in herzhaft belegte Brote beißen. Vielleicht sind Sie ja auch eher der Müsli-Typ, dann ist Brot als Vorrat nicht so wichtig. Deshalb: Ihre gewohnten Vorlieben bestimmen den Vorrat.
Erstellen Sie Ihre ganz persönliche Vorratsliste. Überlegen und notieren Sie, was Sie bei einem Frühstück durchschnittlich verbrauchen. Das rechnen Sie dann hoch: Sie sollten mit den Zutaten zwei Wochen gut über die Runden kommen.
Denken Sie auch an Ihre Vorlieben bei Kaffee und Tee.
Wenn Sie im Alltag ein To-go-Frühstücker sind, sollten Sie den Aspekt der Vorratshaltung ganz besonders wichtig nehmen.

Zutaten für den Frühstücks-Notfall-Vorrat, die ohne Kühlung haltbar sind

Müsli/Porridge:
Müslimischungen oder Getreideflocken, H-Milch (ggf. Milchpulver), Pflanzendrinks, Fruchtsäfte, Honig (oder Ahornsirup, Agavendicksaft, Apfeldicksaft), Konfitüre/Gelee, Kompott im Glas, Nussmus oder Schokolade, Trockenfrüchte, Nüsse (auch Kerne und Samen), Obstkonserven; evtl. auch Lagerobst wie Äpfel oder Orangen.

Brote:
Knäckebrot, Pita-Brot, Pumpernickel, Toastbrötchen, Tortillafladen, Zwieback.

Süßer Brotbelag:
Butter/Margarine, Honig, Konfitüre/Gelee, Nuss- oder Mandelcreme.

Herzhafter Brotbelag:
Eier, Fetakäse, Schmelzkäse, Wurst in Dosen, Hartwürste wie Salami, herzhafte vegetarische Aufstriche.

Eier:
für Pancakes, gekochte Eier, Omelette & Co.; nach Belieben ergänzende Zutaten wie Schinkenwürfel, Käse, Oliven, eingelegte Paprika etc.

Getränke:
Tee und/oder Kaffee (dazu ggf. Zucker oder Süßstoff, Dosenmilch oder Kaffeesahne), Frucht- und Gemüsesäfte, Mineralwasser; evtl. Fruchtsirup, der lange haltbar ist und nicht nur im Getränk für Abwechslung sorgen kann.

Für Müsli- und Porridge-Frühstücker

Jedes gut kombinierte Müsli versorgt uns mit allem, was unser Körper braucht. Getreideflocken liefern sättigende Ballaststoffe, Milch sorgt für wertvolles Eiweiß, Nüsse für gesundes Fett, Früchte für Frische und Vitamine. Und Müsli ist ideal für Notfall-Situationen, denn Müslimischungen ebenso wie Hafer- oder andere Getreideflocken sind lang haltbar und wunderbar wandelbar. Manch einer löffelt jeden Tag das gleiche Müsli, ein anderer mischt häufig neu. Sie wissen selbst, welcher Typ Sie sind. Legen Sie die dazu passenden Zutaten in den Vorrat. Für zwei Wochen benötigen Sie mindestens 1 Kilogramm Müslimischung oder Getreideflocken, 1 Päckchen (gemischte) Nüsse oder Kerne, 2–3 Liter H-Milch, Pflanzendrink oder Fruchtsaft, 2 Gläser Konfitüre oder 1–2 Päckchen Trockenfrüchte. Daraus lassen sich verschiedene Frühstücksideen zaubern.

Flockenmüsli mit Erdbeercreme

FÜR 1 PORTION

1–2 EL Sonnenblumenkerne
60 g Getreideflocken (z.B. Hafer oder Dinkel)
3–4 Prisen Zimtpulver
100 g Hafercreme
2–3 EL Erdbeerkonfitüre
nach Belieben etwas flüssiger Honig, Ahornsirup o.ä.

Zubereitungszeit:
ca. 5 Minuten
Nährwerte:
ca. 510 Kalorien

ZUBEREITUNG

1. Nach Belieben die Sonnenblumenkerne in einer kleinen beschichteten Pfanne leicht anrösten, dann mit den Flocken und dem Zimtpulver mischen.
2. Die Hafercreme mit der Konfitüre glatt rühren, über die Flocken geben und nach Belieben mit Honig o.ä. süßen.

Schoko-Porridge mit Mandeln

FÜR 1 PORTION

25 g Schokolade
150 ml Milch
60 g Getreideflocken
(z.B. Hafer oder Dinkel)
1–2 TL Zucker
(nach Belieben)
20 g Mandeln
20 g getrocknete Cranberrys

Zubereitungszeit:
ca. 5 Minuten
Nährwerte: ca. 660 Kalorien

ZUBEREITUNG

1. Die Schokolade hacken und zusammen mit der Milch und den Getreideflocken in einen kleinen Topf geben, alles verrühren und 2–3 Minuten bei schwacher Hitze köcheln lassen. Eventuell etwas mehr Milch oder Wasser zugeben, wenn das Porridge zu fest erscheint. Das Porridge mit Zucker süßen und in eine Schale umfüllen.
2. Die Mandeln grob hacken und in einer beschichteten Pfanne bei mittlerer Hitze anrösten, bis sie angenehm duften. Die getrockneten Cranberrys etwas kleiner schneiden, zusammen mit den gerösteten Mandeln auf das Porridge geben.

Bircher Müsli mit Beeren

ZUTATEN

60 g Getreideflocken
(z.B. Hafer oder Dinkel)
100 ml Milch
1–2 TL flüssiger Honig,
Ahornsirup o.ä.
2 EL Apfelkompott
(aus dem Glas)
20 g gemischte Nüsse
20 g getrocknete Cranberrys
oder Weinbeeren

Zubereitungszeit:
ca. 5 Minuten
Nährwerte: ca. 520 Kalorien

ZUBEREITUNG

1. Die Getreideflocken in einem Schälchen mit der Milch übergießen und zugedeckt über Nacht quellen lassen.
2. Am nächsten Morgen die Flocken mit etwas Honig oder einem anderen Süßmittel abschmecken. Das Kompott untermischen.
3. Die Nüsse hacken, nach Belieben in einer kleinen Pfanne ohne Zugabe von Fett rösten, bis sie angenehm duften. Die Nüsse und die Cranberrys oder die Weinbeeren über das Müsli streuen. Nach Belieben noch etwas mehr Milch oder, wenn vorhanden, Fruchtsaft darübergießen.

TIPP

Wenn Äpfel im Vorrat liegen, am Morgen einen davon raspeln und unter das Müsli mischen. Generell sind frische Früchte natürlich ein tolles und vitaminreiches Topping für jedes Müsli.

Für Pancake-Frühstücker

In den USA ist ein Frühstück ohne Waffeln oder Pancakes für viele undenkbar, und auch bei uns haben vor allem die kleinen Pfannkuchen ihre Liebhaber gefunden. Für die Notfall-Küche sind sie bestens geeignet, denn die benötigten Zutaten lassen sich gut lagern. Und Pancakes lassen sich auch blitzschnell auf einem Campingkocher zubereiten. Wer täglich mit Pancakes frühstücken möchte, braucht etwa 1 Kilogramm Mehl, 14 Eier (oder Ei-Ersatzpulver), 1 kleines Glas Honig oder ½ Flasche Ahornsirup sowie nach Belieben 2 Gläser Konfitüre oder 3–4 Gläser Kompott.

Pancakes mit Ei

FÜR 1 PORTION

75 ml Milch
1 EL Weißweinessig
1 Ei
1 EL Zucker
60 g Mehl
1 TL Backpulver
Salz

Außerdem:
Butter, Margarine oder Öl zum Backen
3–4 EL Kompott (z. B. Apfel)
1 EL flüssiger Honig oder Ahornsirup zum Beträufeln

Zubereitungszeit:
ca. 15 Minuten
Nährwerte:
ca. 530 Kalorien

ZUBEREITUNG

1. Die Milch mit dem Essig verrühren und 5 Minuten beiseitestellen. In einer Schüssel das Ei mit dem Zucker sehr cremig schlagen. Die vorbereitete Milch, das Mehl, Backpulver und 1 Prise Salz einrühren.
2. In einer breiten beschichteten Pfanne etwas Butter, Margarine oder Öl erhitzen. Für jeden Pancake ca. 2 EL Teig hineingeben. Die Pancakes bei mittlerer Hitze von jeder Seite ca. 2 Minuten backen, anschließend zusammen mit dem Kompott anrichten. Wer es süß mag, träufelt noch etwas flüssigen Honig oder Ahornsirup darüber.

Chia-Vollkorn-Pancakes

FÜR 1 PORTION

1 EL Chiasamen
50 g Weizenvollkornmehl
2 TL Backpulver
1 Prise gemahlene Vanille
1 Ei
1–2 TL flüssiger Honig
80 ml Milch
Außerdem:
Butter, Margarine oder Öl zum Backen
1–2 EL flüssiger Honig zum Beträufeln

Zubereitungszeit: ca. 20 Min.
Nährwerte: ca. 500 Kalorien

ZUBEREITUNG

1. In einer Schüssel die Chiasamen mit dem Mehl, Backpulver und der Vanille mischen. Ei, Honig und Milch unterrühren und den Teig ca. 10 Minuten quellen lassen.
2. In einer breiten beschichteten Pfanne etwas Butter, Margarine oder Öl erhitzen. Für jeden Pancake ca. 2 EL Teig hineingeben. Die Pancakes bei mittlerer Hitze von jeder Seite ca. 2 Minuten backen.
3. Die heißen Pancakes auf einen Teller geben und mit Honig beträufeln.

Pancakes ohne Ei

FÜR 1 PORTION

100 ml Milch oder ungesüßter Pflanzendrink
25 g Sojamehl
25 g Weizenmehl
1 EL Zucker
1 TL Backpulver
Außerdem:
Butter, Margarine oder Öl zum Backen
3–4 EL Kompott (z.B. Apfel)

Zubereitungszeit: ca. 15 Minuten
Nährwerte: ca. 500 Kalorien

ZUBEREITUNG

1. Die Milch oder den Pflanzendrink leicht erwärmen, mit den beiden Mehlsorten, Zucker und Backpulver zu einem glatten Teig verrühren.
2. Wenig Butter, Margarine oder Öl in einer breiten beschichteten Pfanne erhitzen. Den Teig durchrühren, dann für jeden Pancake etwa 2 EL Teig in die Pfanne geben. Die Pancakes bei mittlerer Hitze von jeder Seite ca. 2 Minuten backen, anschließend zusammen mit dem Kompott anrichten.

Für Brot-Frühstücker

Zwieback, Knäckebrot und Pumpernickel – mindestens je ein Paket von allem sollte in jedem Frühstücksvorrat zu finden sein. Dazu eine ausreichende Menge an dem, was auf die Brote kommt. Süße Frühstücker sollten 2–3 Gläser Konfitüre im Schrank stehen haben, herzhafte mindestens 5 kleine Dosen Aufstrich oder 2 Packungen Schmelzkäse-Ecken (ungekühlt haltbar).
Wenn Ihre Brotvorräte nicht ausreichen, können Sie Ihr Brot und Ihre Brötchen auch ganz schnell selbst backen. Voraussetzung dafür: mindestens 2 Packungen Mehl im Vorratsschrank. Hilfreich sind zudem 3–4 Päckchen Backpulver oder Trockenhefe.

Blitz-Brötchen mit Backpulver

FÜR 6 KLEINE BRÖTCHEN

200 g Mehl
2 TL Backpulver
½ TL Salz
½ TL Zucker
2 EL zerlassene Butter oder Margarine
ca. 100 ml Mineralwasser mit Kohlensäure (ersatzweise Wasser oder Milch)
nach Belieben Kerne und Samen zum Bestreuen

Zubereitungszeit:
ca. 30 Minuten
Nährwerte pro Stück:
ca. 140 Kalorien

ZUBEREITUNG

1. Den Backofen auf 200°C vorheizen, ein Backblech mit Backpapier auslegen.
2. Das Mehl mit dem Backpulver, Salz und Zucker mischen. Die zerlassene Butter oder Margarine und das Mineralwasser dazugeben, alles rasch zu einem glatten Teig verkneten.
3. Den Teig in 6 Portionen teilen, nach Belieben Kerne und /oder Samen aufstreuen. Die Brötchen auf das Blech legen und im vorgeheizten Ofen (Mitte) ca. 20 Minuten backen.

Pfannenbrot

FÜR 1 PORTION

80 g Mehl
½ TL Backpulver
1 EL zerlassene Butter oder Margarine
Salz
4–5 EL Wasser

Zubereitungszeit: ca. 15 Minuten
Nährwerte: ca. 350 Kalorien

ZUBEREITUNG

1. Das Mehl mit dem Backpulver, der zerlassenen Butter oder Margarine, ½ TL Salz und dem Wasser zu einem glatten Teig verkneten. 5 Minuten ruhen lassen.
2. Den Teig noch einmal gut durchkneten, dann zu einem dicken, ca. 15 cm großen Fladen ausrollen.
3. Eine Pfanne stark erhitzen. Den Fladen darin bei mittlerer bis starker Hitze 3–4 Minuten backen, bis er sich ein wenig aufbläht, dann wenden und auch von der anderen Seite 3–4 Minuten backen.

Mehl und Hefe

Die ersten Wochen während der Corona-Krise machten viele von uns ratlos. Was war ausverkauft? Hefe und Mehl! Waren wir plötzlich alle BäckerInnen? Wer zu Ostern gern einen traditionellen Zopf auf den Tisch stellen wollte, musste umplanen. In den sozialen Medien gab es etliche Tipps und Anregungen, etwa über das Herstellen von Hefe mittels getrockneter Datteln oder Weizenbier. Wir haben verschiedene Empfehlungen getestet – mit sehr mäßigem Erfolg. Zudem hat in Notfall-Situationen kaum jemand die geforderten Zutaten im Haus (etwa ungeschwefelte Datteln) oder die Muße zum Ausprobieren. Deshalb: Wer auch in Notfall-Zeiten auf Selbstgebackenes nicht verzichten möchte, sollte zumindest einige Päckchen Trockenhefe und Backpulver sowie 1 oder 2 Packungen Mehl im Vorrat haben. Alles ist lang haltbar und einfache Teige sind blitzschnell gerührt oder geknetet. Gibt es keinen Strom und damit keinen Backofen, können flache Brote, kleine Brötchen und auch Kuchen in einer Pfanne auf dem Campingkocher oder im mit Gas oder Holzkohle aufgeheizten Grill gebacken werden.
Noch ein Tipp: Brotteige benötigen nur ganz wenig Hefe, wenn sie mindestens 24 Stunden gehen dürfen. Gut dran ist auch, wer Roggenmehl Vorrat hat. Mit etwas Wasser angerührt und zur Seite gestellt, bildet sich ganz von allein ein wunderbarer Sauerteig, der als Triebmittel für Brote dient und vollkommen ohne Hefe und Backpulver auskommt.

Stockbrot für den Grill

FÜR CA. 6 BROTE

175 g Mehl
1 TL getrockneter Thymian
1 ¼ TL Backpulver
1 TL Salz
Pfeffer
100 ml Milch
3 EL Olivenöl

Außerdem:
Mehl zum Bearbeiten
6 lange Holzspieße, gewässert

Zubereitungszeit:
ca. 30 Minuten
Nährwerte pro Stück:
ca. 160 Kalorien

ZUBEREITUNG

1. Das Mehl in einer Schüssel mit dem Thymian, Backpulver, Salz und etwas Pfeffer vermischen.
2. Die Milch mit dem Öl verrühren und unter die Mehlmischung rühren beziehungsweise kneten – zuerst mit den Knethaken des Handrührers, anschließend mit den Händen auf der Arbeitsfläche. Es soll ein glatter, geschmeidiger Teig entstehen.
3. Den Teig mit bemehlten Händen in 6 Portionen teilen. Jede Teigportion zu einem etwa 25 cm langen Strang formen.
4. Ein Ende eines Teigstrangs an der Spitze eines Holzspießes befestigen, den Teig dann spiralförmig um den Spieß wickeln. Dabei etwa ein Drittel des Spießes zum Festhalten frei lassen.
5. Die Spieße auf den Grill legen und, je nach Hitze, ca. 5 Minuten backen, dann wenden und weitere 5–10 Minuten backen.

TIPPS

- Sie können die Stockbrote auch im Backofen zubereiten. Die Spieße wie beschrieben mit dem Teig umwickeln, auf ein mit Backpapier belegtes Blech setzen und im vorgeheizten Ofen bei 200°C Ober- und Unterhitze etwa 15 Minuten backen, zwischendurch einmal umdrehen.
- Die Spieße lassen sich auch gut über offenem Feuer backen, etwa über einem Lagerfeuer oder (sehr vorsichtig) im Kamin. Die Spieße so lange mit ausreichendem Abstand über dem Feuer drehen und wenden, bis das Brot durchgebacken ist. Das dauert mindestens 10 Minuten.

Topfbrot ohne Kneten

ZUTATEN FÜR 1 BROT

500 g Mehl (siehe Tipps)
¼ TL Trockenhefe
2 TL Salz
2 TL Zucker
4 EL Olivenöl
ca. 375 ml Wasser

Außerdem:
Mehl zum Bestäuben (siehe Tipps)
ggf. Alufolie

Zubereitungszeit: ca. 10 Minuten
Ruhezeit: 24 Stunden
Nährwerte: ca. 2110 Kalorien

ZUBEREITUNG

1. In einer großen Schüssel das Mehl mit der Trockenhefe, dem Salz und dem Zucker gründlich vermischen.
2. Öl und Wasser dazugeben, alles mit einem Kochlöffel gleichmäßig verrühren. Den Teig zugedeckt bei Zimmertemperatur etwa 24 Stunden ruhen lassen – er geht dabei stark auf.
3. Einen Topf oder eine feuerfeste Schüssel auf der untersten Schiene in den Backofen stellen. Den Ofen auf 230°C Ober- und Unterhitze aufheizen.
4. Den Topf oder die Schüssel aus dem Ofen nehmen und auf einen Rost stellen. Die Oberfläche mit ein wenig Mehl bestäuben.
5. Den Teig mit einem Teigschaber vom Schüsselrand lösen und in den heißen Topf oder die heiße Schüssel geben. Die Oberfläche mit ein wenig Mehl bestäuben.
6. Einen passenden Deckel oder Alufolie über den Topf bzw. die Form legen, wieder in den heißen Ofen stellen und das Brot 25 Minuten backen. Dann Deckel bzw. Alufolie entfernen und das Brot noch ca. 15 Minuten backen.
7. Den Topf bzw. die Schüssel aus dem Ofen nehmen, das Brot auf ein Gitter stürzen, wieder umdrehen und auskühlen lassen.

TIPPS

- Eine sehr kleine Menge Hefe reicht, um das Brot gut aufgehen zu lassen. Der Trick dabei ist die lange Ruhezeit. Ideal also, wenn, wie in den Anfangswochen der Corona-Krise, Hefe Mangelware ist. Legen Sie also stets einige Päckchen Trockenhefe in den Vorrat.
- Sie können ganz verschiedene Mehlsorten nehmen, schauen Sie einfach, was in Ihrem Vorrat steht. Auch getrocknete Kräuter, gehackte Mandeln oder Zutaten wie Sonnenblumenkerne, Leinsamen oder Röstzwiebeln können im Teig verarbeitet werden.
- Die benötigte Wassermenge kann leicht schwanken, sie ist abhängig von der verwendeten Mehlsorte.

Aus dem Vorrat kochen

Wie abwechslungsreich sich mit den Zutaten aus dem Vorrat kochen lässt, zeigen wir Ihnen auf den folgenden Seiten. 14 Tage lang zaubern Sie jeden Mittag und Abend etwas auf den Teller, das schmeckt und fit hält. Insgesamt entstehen also 28 Mahlzeiten aus den verschiedenen Packungen und Dosen, bei denen es trotz der eingeschränkten Auswahl garantiert nicht langweilig wird.

Ihre Rezeptliste für 14 Tage

Auf diese 28 Rezepte können Sie sich in den zwei Wochen freuen. Natürlich können Sie Mittag- und Abendessen jederzeit tauschen, und zumeist ist auch ein Wechsel beispielsweise von Tag 3 und Tag 4 möglich. Beachten müssen Sie allerdings, dass in manchen Rezepten Dosen an einem Tag geöffnet und nur halb verbraucht werden. Der Rest kommt in den Kühlschrank – wo er natürlich nicht unbegrenzt haltbar ist. Unser Plan berücksichtigt dies, damit nichts an Qualität einbüßt oder gar verdirbt.

WOCHE 1	
Tag 1	Wrap-Pizza mit Schinken Pesto-Capellini mit gerösteten Mandeln
Tag 2	Tomaten-Pfannkuchen mit Thunfisch Pilz-Couscous mit Zwiebelringen
Tag 3	Reispuffer mit Karamell-Mandarinen Überbackene Tomaten-Päckchen
Tag 4	Hähnchen-Mais-Ragout mit Nudeln Kraut-Flammkuchen
Tag 5	Überbackenes Püree mit Feta Gebratene Polentaschnitten
Tag 6	Hühnercurry mit Reis Kraut-Nudeln mit Kaminwurzen
Tag 7	Gemüsetopf mit Couscous Nudelnest mit Mais und Erbsen

WOCHE 2	
Tag 8	Naan-Brote mit Kokoscurry Tomatenreis mit Feta
Tag 9	Crêpes mit Kirschkompott One-Pot-Pasta mit Kaminwurzen
Tag 10	Rote Bete mit Püreehaube Heringstopf mit Reis
Tag 11	Buntes Bohnengemüse Zuckernudeln mit Ananas
Tag 12	Wachsweiche Eier mit Käsepüree Maispuffer mit Heringsfilet
Tag 13	Pesto-Polenta mit Corned Beef Nudelsalat mit Kichererbsen
Tag 14	Tomatencremesuppe mit Pfifferlingen Corned Beef mit Kidneybohnen

Der Verbrauch der Zutaten unserer Notfall-Liste in den zwei Wochen

Die Tabelle zeigt Ihnen detailliert, an welchem Tag und für welche Mahlzeit Sie die Zutaten aus dem Vorrat verbrauchen. So behalten Sie stets den Überblick.

ZUTAT	MENGE	GERICHT	TAG	MENGE	REST
Obst & Gemüse					
Zwiebeln (eher kleine Exemplare)	1 kg	Pilz-Couscous mit Zwiebelringen	2	2	
		Überbackene Tomaten-Päckchen	3	1	
		Hähnchen-Mais-Ragout mit Nudeln	4	1	
		Hühnercurry mit Reis	6	1	
		Kraut-Nudeln mit Kaminwurzen	6	1	
		Gemüsetopf mit Couscous	7	1	
		One-Pot-Pasta mit Kaminwurzen	9	1	
		Heringstopf mit Reis	10	1	
		Pesto-Polenta mit Corned Beef	13	1	
Milch & Milchprodukte & Eier					
H-Milch (Tetrapack; je 500 ml)	2	Reispuffer mit Karamell-Mandarinen	3	75 ml	925 ml
		Überbackenes Püree mit Feta	5	175 ml	750 ml
		Crêpes mit Kirschkompott	9	125 ml	625 ml
		Rote Bete mit Püreehaube	10	175 ml	450 ml
		Buntes Bohnengemüse	11	175 ml	275 ml
		Zuckernudeln mit Ananas	11	200 ml	75 ml
		Wachsweiche Eier mit Käsepüree	12	75 ml	0
Feta (kleine Pck.; 150 g)	1	Überbackenes Püree mit Feta	5	½ Pck.	75 g
		Nudelnest mit Mais und Erbsen	7	¼ Pck.	40 g
		Tomatenreis mit Feta	8	¼ Pck.	0
Schmelzkäse (Pck. mit 8 Ecken à ca. 30 g = 250 g; ohne Kühlung haltbar)	1	Kraut-Flammkuchen	4	2 Ecken	6
		Buntes Bohnengemüse	11	1 Ecke	5
		Wachsweiche Eier mit Käsepüree	12	2 Ecken	3
		Nudelsalat mit Kichererbsen	13	2 Ecken	1
		Tomatencremesuppe mit Pfifferlingen	14	1 Ecke	0

ZUTAT	MENGE	GERICHT	TAG	MENGE	REST
geriebener Käse (kleine Tüte mit 150 g)	1	Wrap-Pizza mit Schinken	1	50 g	
		Pesto-Capellini mit geröst. Mandeln	1	1 EL	
		Überbackene Tomaten-Päckchen	3	40 g	
		Gemüsetopf mit Couscous	7	1 EL	
		Rote Bete mit Püreehaube	10	3–4 EL	0
Eier (Karton mit 10 Stück)	1	Tomaten-Pfannkuchen mit Thunfisch	2	2 Stück	8
		Reispuffer mit Karamell-Mandarinen	3	1 Stück	7
		Crêpes mit Kirschkompott	9	1 Stück	6
		Wachsweiche Eier mit Käsepüree	12	2 Stück	4
		Maispuffer mit Heringsfilet	12	1 Stück	3
		Nudelsalat mit Kichererbsen	13	2 Stück	1
		Corned Beef mit Kidneybohnen	14	1 Stück	0

Nudeln, Kartoffeln, Reis etc.

ZUTAT	MENGE	GERICHT	TAG	MENGE	REST
Nudeln (Pck. mit 500 g; z.B. Girandole mit nur 6 Min. Kochzeit)	1	Hähnchen-Mais-Ragout mit Nudeln	4	80 g	420 g
		Kraut-Nudeln mit Kaminwurzen	6	100 g	320 g
		One-Pot-Pasta mit Kaminwurzen	9	80 g	260 g
		Nudelsalat mit Kichererbsen	13	60 g	200 g
Capellini (= dünne lange Nudeln; Pck. mit 500 g; mit nur 3 Min. Kochzeit)	1	Pesto-Capellini mit geröst. Mandeln	1	80 g	420 g
		Nudelnest mit Mais und Erbsen	7	100 g	320 g
		Zuckernudeln mit Ananas	11	80 g	260 g
Couscous (Pck. mit 500 g)	½	Pilz-Couscous mit Zwiebelringen	2	80 g	170 g
		Gemüsetopf mit Couscous	7	40 g	130 g
Polenta (= Maisgrieß; Pck. mit 500 g)	½	Gebratene Polentaschnitten	5	75 g	175 g
		Buntes Bohnengemüse	11	40 g	135 g
		Pesto-Polenta mit Corned Beef	13	65 g	70 g
Express-Reis (Pck. mit 250 g)	2	Reispuffer mit Karamell-Mandarinen	3	½ Pck.	1 ½
		Hühnercurry mit Reis	6	½ Pck.	1
		Tomatenreis mit Feta	8	½ Pck.	½
		Heringstopf mit Reis	10	½ Pck.	0
Kartoffelpüree (Pck. mit 2 × 2 Portionen)	1	Überbackenes Püree mit Feta	5	1 Portion	3
		Rote Bete mit Püreehaube	10	1 Portion	2
		Wachsweiche Eier mit Käsepüree	12	1 Portion	1
		Corned Beef mit Kidneybohnen	14	1 Portion	0

ZUTAT	MENGE	GERICHT	TAG	MENGE	REST
Weizen-Tortillafladen (20 cm Durchmesser; Pck. mit 6 Stück à ca. 40 g)	1	Wrap-Pizza mit Schinken Überbackene Tomaten-Päckchen Kraut-Flammkuchen	1 3 4	2 Stück 2 Stück 2 Stück	4 2 0
Konserven					
gehackte Tomaten (Dose mit 400 g)	3	Wrap-Pizza mit Schinken Tomaten-Pfannkuchen m. Thunfisch Überbackene Tomaten-Päckchen Gebratene Polentaschnitten Tomatenreis mit Feta Tomatencremesuppe mit Pfifferlingen	1 2 3 5 8 14	¼ Dose ¼ Dose ½ Dose ½ Dose ½ Dose 1 Dose	2 ¾ 2 ½ 2 1 ½ 1 0
getrocknete Tomaten in Öl (Glas; ca. 280 g Inhalt)	1	Pesto-Capellini mit geröst. Mandeln Tomaten-Pfannkuchen m. Thunfisch Pilz-Couscous mit Zwiebelringen Überbackenes Püree mit Feta Tomatenreis mit Feta	1 2 2 5 8	2 Stück 4 Stück 2 Stück 4 Stück 2 Stück	0
Kapern (kleines Glas; ca. 60 g Abtropfgewicht)	1	Überbackene Tomaten-Päckchen Tomatenreis mit Feta Wachsweiche Eier mit Käsepüree Corned Beef mit Kidneybohnen	3 8 12 14	2 TL 1 TL 1 TL 2 TL	0
weiße Bohnenkerne (kl. Glas; ca. 130 g Abtropfgewicht)	1	Buntes Bohnengemüse	11	1 Glas	0
Kidneybohnen (kl. Dose; ca. 125 g Abtropfgewicht)	2	Buntes Bohnengemüse Corned Beef mit Kidneybohnen	11 14	1 Dose 1 Dose	1 0
Erbsen (kleine Dose; ca. 140 g Abtropfgewicht)	2	Nudelnest mit Mais und Erbsen Tomatenreis mit Feta Heringstopf mit Reis Buntes Bohnengemüse	7 8 10 11	½ Dose ½ Dose ½ Dose ½ Dose	1 ½ 1 ½ 0
Erbsen mit Möhren (kleine Dose; ca. 130 g Abtropfgewicht)	1	Gemüsetopf mit Couscous	7	1 Dose	0

ZUTAT	MENGE	GERICHT	TAG	MENGE	REST
Kichererbsen (kl. Dose; ca. 130 g Abtropfgewicht)	2	Naan-Brote mit Kokoscurry Nudelsalat mit Kichererbsen	8 13	1 Dose 1 Dose	1 0
Maiskörner (kleine Dose; ca. 140 g Abtropfgewicht)	3	Hähnchen-Mais-Ragout mit Nudeln Nudelnest mit Mais und Erbsen One-Pot-Pasta mit Kaminwurzen Maispuffer mit Heringsfilet	4 7 9 12	1 Dose ½ Dose ½ Dose 1 Dose	2 1 ½ 1 0
Sauerkraut (kl. Dose; ca. 285 g Abtropfgewicht)	1	Kraut-Flammkuchen Kraut-Nudeln mit Kaminwurzen	4 6	½ Dose ½ Dose	½ 0
Pfifferlinge (kl. Glas; ca. 100 g Abtropfgewicht)	1	Tomatencremesuppe mit Pfifferlingen	14	1 Glas	0
Champignons (kleine Dose; ca. 170 g Abtropfgew.)	1	Pilz-Couscous mit Zwiebelringen Überbackenes Püree mit Feta	2 5	½ Dose ½ Dose	½ 0
Sojabohnenkeime (kleines Glas; ca. 160 g Abtropfgewicht)	1	Gemüsetopf mit Couscous Naan-Brote mit Kokoscurry	7 8	½ Glas ½ Glas	0
Sauerkirschen (kl. Glas; ca. 185 g Abtropfgewicht)	1	Crêpes mit Kirschkompott	9	1 Glas	0
Ananas (Scheiben) (kl. Dose; ca. 140 g Abtropfgewicht)	1	Zuckernudeln mit Ananas	11	1 Dose	0
Mandarinen (kl. Dose; ca. 175 g Abtropfgewicht)	1	Reispuffer mit Karamell-Mandarinen	3	1 Dose	0
Fleisch & Fisch					
luftgetrocknete Hartwurst (z.B. Kaminwurzen als kl. Pck. mit 8 Stk. = 150 g)	1	Überbackene Tomaten-Päckchen Kraut-Nudeln mit Kaminwurzen One-Pot-Pasta mit Kaminwurzen	3 6 9	2 Stück 4 Stück 2 Stück	6 2 0

ZUTAT	MENGE	GERICHT	TAG	MENGE	REST
rohe Schinken-würfel (mager) (Pck. mit 3 à 50 g)	1	Wrap-Pizza mit Schinken Kraut-Flammkuchen Rote Bete mit Püreehaube Tomatencremesuppe mit Pfifferlingen	1 4 10 14	25 g 25 g 50 g 50 g	125 g 100 g 50 g 0
Corned Beef (Glas; ca. 200 g Inhalt)	1	Pesto-Polenta mit Corned Beef Corned Beef mit Kidneybohnen	13 14	100 g 100 g	100 g 0
Hähnchen-fleisch im eigenen Saft (Dose; ca. 300 g Inhalt)	1	Hähnchen-Mais-Ragout mit Nudeln Hühnercurry mit Reis	4 6	½ Dose ½ Dose	½ 0
Thunfisch im eigenen Saft (kl. Dose; ca. 56 g Abtropfgewicht)	1	Tomaten-Pfannkuchen mit Thunfisch	2	1 Dose	0
Heringsfilets in Tomatensauce (Dose; ca. 200 g Inhalt)	1	Heringstopf mit Reis Maispuffer mit Heringsfilet	10 12	½ Dose ½ Dose	½ 0
Sonstiges					
gekochte Rote Beten (in Plastik; ca. 500 g Inhalt)	1	Rote Bete mit Püreehaube Buntes Bohnengemüse	10 11	250 g 250 g	250 g 0
Pesto rosso (Glas; ca. 200 g Inhalt)	1	Pesto-Capellini mit geröst. Mandeln Tomatenreis mit Feta One-Pot-Pasta mit Kaminwurzen Pesto-Polenta mit Corned Beef	1 8 9 13	60 g 20 g 40 g 80 g	140 g 120 g 80 g 0
getrocknete Cranberrys (Pck.; ca. 200 g Inhalt)	1	Gebratene Polentaschnitten Crêpes mit Kirschkompott Heringstopf mit Reis Zuckernudeln mit Ananas Tomatencremesuppe mit Pfifferlingen	5 9 10 11 14	30 g 20 g 30 g 30 g 20 g	170 g 150 g 120 g 90 g 70 g

ZUTAT	MENGE	GERICHT	TAG	MENGE	REST
Mandeln (Pck.; ca. 200 g Inhalt)	1	Pesto-Capellini mit geröst. Mandeln	1	20 g	180 g
		Tomaten-Pfannkuchen mit Thunfisch	2	20 g	160 g
		Kraut-Flammkuchen	4	20 g	140 g
		Gebratene Polentaschnitten	5	30 g	110 g
		Zuckernudeln mit Ananas	11	20 g	90 g
		Wachsweiche Eier mit Käsepüree	12	20 g	70 g
		Corned Beef mit Kidneybohnen	14	20 g	50 g
geröstete Cashew- oder Erdnusskerne (Pck.; ca. 150 g Inhalt)	½	Pilz-Couscous mit Zwiebelringen	2	1 EL	
		Überbackenes Püree mit Feta	5	1 EL	
		Gemüsetopf mit Couscous	7	2 EL	
		Maispuffer mit Heringsfilets	12	1 EL	
		Tomatencremesuppe mit Pfifferlingen	14	2 EL	
Hafercreme (Tetrapack; ca. 250 ml Inhalt)	1	Nudelnest mit Mais und Erbsen	7	½ Pck.	½ Pck.
		Tomatenreis mit Feta	8	½ Pck.	0
Kokosmilch (kleines Tetra-pack; ca. 200 ml Inhalt)	1	Hühnercurry mit Reis	6	½ Pck.	½ Pck.
		Naan-Brote mit Kokoscurry	8	½ Pck.	0

MAHLZEIT 1

Wrap-Pizza mit Schinken

FÜR 1 PORTION

2 Weizen-Tortillafladen (20 cm Durchmesser; je ca. 40 g)
1 EL Olivenöl
¼ Dose gehackte Tomaten (400 g Inhalt; also nur ca. 100 g für dieses Rezept verwenden)
25 g magere rohe Schinkenwürfel
1 TL getrockneter Thymian
Salz, Pfeffer
50 g geriebener Käse

Zubereitungszeit: ca. 25 Minuten
Nährwerte: ca. 670 Kalorien

VARIANTEN

- Wenn frische Kräuter zur Verfügung stehen, einige Blättchen Basilikum oder Thymian obenauf streuen.
- Steht Pizza-Gewürz im Regal, streuen Sie ein wenig davon auf die Wraps.

ZUBEREITUNG

1. Den Backofen auf 200°C Ober- und Unterhitze vorheizen. Ein Backblech mit Backpapier belegen. Einen Tortillafladen darauflegen und mit dem Olivenöl einpinseln. Den zweiten Fladen darauflegen und leicht andrücken.
2. Die gehackten Tomaten auf dem Fladen verstreichen. Die Schinkenwürfel daraufstreuen. Alles mit Thymian, Salz und Pfeffer würzen.
3. Den Käse auf die Pizza streuen und diese im Ofen (Mitte) ca. 10 Minuten backen.

TIPPS

- Die restlichen Tomaten in ein sauberes Glas umfüllen und fest verschlossen in den Kühlschrank stellen.
- Tortillafladen gibt es in unterschiedlichen Größen und Geschmacksrichtungen. Für unsere Notfall-Küche verwenden wir kleine Fladen mit einem Durchmesser von nur 20 cm, damit der Packungsinhalt nicht zu groß und eine Mahlzeit nicht zu üppig wird.
- Übrige Wraps unbedingt gut verschlossen aufbewahren, damit sie nicht austrocknen.
- Auch in Nicht-Notfall-Zeiten lässt sich aus den Wraps blitzschnell eine Pizza zubereiten. Beim Belag können Sie dann natürlich je nach Geschmack und Verfügbarkeit von Zutaten variieren.

Pesto-Capellini mit gerösteten Mandeln

FÜR 1 PORTION

1 l Wasser
Salz
80 g Capellini
20 g Mandeln
2 getrocknete Tomaten in Öl
3 gehäufte TL Pesto rosso (aus dem Glas; ca. 60 g)
1 EL geriebener Käse
ggf. einige Blättchen Basilikum (wenn vorhanden)
Pfeffer

Zubereitungszeit: ca. 15 Minuten
Nährwerte: ca. 770 Kalorien

VARIANTE

Falls (noch) frische Tomaten im Vorrat liegen, ein oder zwei Stück waschen, ohne die Stielansätze klein würfeln und unter die Nudeln rühren.

ZUBEREITUNG

1. Das Wasser in einem Topf aufkochen und leicht salzen. Die Capellini nach Belieben einmal durchbrechen, in das Wasser geben und bei starker Hitze ca. 3 Minuten bissfest garen.
2. Inzwischen die Mandeln grob hacken und bei mittlerer Hitze in einer kleinen beschichteten Pfanne ohne Zugabe von Fett rösten, bis sie angenehm duften. Die getrockneten Tomaten klein schneiden.
3. Die Capellini in ein Sieb abgießen und abtropfen lassen, auf einen Teller geben und darauf mit den getrockneten Tomaten mischen. Das Pesto löffelweise daraufgeben, alles mit dem geriebenen Käse und den gerösteten Mandeln bestreuen. Falls vorhanden, einige Blättchen Basilikum obenauf geben. Mit Pfeffer würzen.

TIPPS

- Die Oberfläche des verbliebenen Pestos mit einem Teelöffel glätten und den Glasrand mit einem Küchentuch gründlich reinigen. Etwas Öl auf die Pesto-Oberfläche geben, das Glas fest verschließen und im Kühlschrank aufbewahren. So geschützt, hält sich das Pesto und schimmelt nicht.
- Wenn Sie die Mandeln in einer kleinen trockenen Pfanne anrösten, verstärkt sich ihr Aroma deutlich. Das gilt übrigens für alle Nüsse.

MAHLZEIT 1

Tomaten-Pfannkuchen mit Thunfisch

FÜR 1 PORTION

¼ Dose gehackte Tomaten (400 g Inhalt; also nur ca. 100 g für dieses Rezept verwenden)
2 Eier
50 g Mehl
Salz, Pfeffer
1 TL Olivenöl
1 kleine Dose Thunfisch im eigenen Saft (ca. 56 g Abtropfgewicht)
4 getrocknete Tomaten in Öl
½ TL getrocknete Kräuter der Provence
20 g Mandeln

Zubereitungszeit:
ca. 20 Minuten
Nährwerte: ca. 695 Kalorien

ZUBEREITUNG

1. Die Tomaten zusammen mit den Eiern und dem Mehl in einen hohen Rührbecher geben und mit einem Pürierstab pürieren. Den Teig mit etwas Salz und Pfeffer würzen.
2. Das Olivenöl in einer Pfanne erhitzen, den Pfannkuchenteig hineingeben und 3–4 Minuten bei mittlerer Hitze von beiden Seiten goldbraun backen.
3. Inzwischen den Thunfisch in einen kleinen Topf geben. Die Tomaten klein schneiden und dazugeben, alles einmal aufkochen und mit Kräutern der Provence und mit Pfeffer würzen.
4. Den Pfannkuchen auf einen Teller heben, die Thunfischmischung auf einer Hälfte verteilen und die unbelegte Pfannkuchenhälfte darüberklappen. Die Mandeln grob hacken und darüberstreuen.

TIPPS

- Wenn Sie nur eine größere Dose Thunfisch im Vorrat haben, können Sie einen Teil des Inhalts in ein sauberes Gefäß umfüllen und am nächsten Morgen zum Frühstück genießen. Sie können den Thunfisch aber auch einfrieren.
- Einzelne getrocknete Tomaten in Öl stets mit einer sauberen Gabel aus dem Glas nehmen, damit der übrige Inhalt nicht verdirbt.

VARIANTEN

- Die Kombi verträgt auch etwas Schärfe. Sollten Sie also Chiliflocken, Tabasco oder ein anderes scharfes Gewürz im Vorrat haben, geben Sie ein wenig davon zum Thunfisch.
- Falls frische Kräuter zur Verfügung stehen, streuen Sie einige Blättchen Thymian oder Basilikum über die Füllung.

MAHLZEIT 2

Pilz-Couscous mit Zwiebelringen

FÜR 1 PORTION

2 Zwiebeln
2 TL Mehl
Salz, Pfeffer
2 EL Öl
½ Dose Dose Champignons (ca. 170 g Abtropfgewicht; also nur ca. 85 g für dieses Rezept verwenden)
2 getrocknete Tomaten in Öl
200 ml Wasser
½ TL Instant-Brühe
80 g Couscous
1 EL geröstete gesalzene Erdnuss- oder Cashewkerne

Zubereitungszeit: 20 Minuten
Nährwerte: ca. 650 Kalorien

ZUBEREITUNG

1. Die Zwiebeln schälen und in Scheiben schneiden, die Scheiben in Ringe teilen. Die Zwiebelringe auf einem Teller mit dem Mehl mischen, mit Salz und Pfeffer würzen.
2. Das Öl in einer Pfanne erhitzen, die Zwiebelringe darin bei mittlerer Hitze ca. 10 Minuten goldbraun braten.
3. Inzwischen die Champignons und die getrockneten Tomaten klein schneiden.
4. Das Wasser und die Instant-Brühe in einem kleinen Topf aufkochen, den Couscous einrühren. Die Pilze und die getrockneten Tomaten dazugeben, alles einmal aufkochen und dann ohne weitere Hitzezufuhr ca. 5 Minuten quellen lassen.
5. Den Couscous zusammen mit den gebratenen Zwiebelringen auf einen Teller geben, mit den Erdnuss- oder Cashewkernen bestreuen.

TIPPS

- Den Rest aus der Champignon-Dose samt Flüssigkeit in ein sauberen Glas umfüllen und zugedeckt kalt stellen – die Pilze werden an Tag 5 verwendet.
- Erdnuss- ebenso wie Cashewkerne sorgen schon in kleinen Mengen für Biss und viel Aroma. Nachteil: Sie enthalten viele Kalorien und werden deshalb nur sparsam verwendet.

TAG
03

MAHLZEIT 1

Reispuffer mit Karamell-Mandarinen

FÜR 1 PORTION

1 kleine Dose Mandarinen (ca. 175 g Abtropfgewicht)
1 Ei
30 g Mehl
75 ml Milch
Salz
½ Pck. Express-Reis (z.B. Basmati; 250 g Inhalt; also nur ca. 125 g für dieses Rezept verwenden)
1 EL Öl
2 EL Zucker

Zubereitungszeit: 20 Minuten
Nährwerte: ca. 640 Kalorien

ZUBEREITUNG

1. Die Mandarinen in ein Sieb abgießen und abtropfen lassen, den Saft darunter auffangen (siehe Tipps).
2. Das Ei mit dem Mehl, der Milch und 1 Prise Salz glatt rühren. Den Reis daruntermischen.
3. Die Hälfte des Öl in einer beschichteten Pfanne verteilen und erhitzen. Für jeden Reispuffer etwa 2 EL der Reismasse hineingeben. Die Puffer bei mittlerer Hitze 2–3 Minuten goldbraun backen, dann vorsichtig wenden und auch die andere Seite in etwa 2 Minuten goldbraun backen.
4. Fertige Puffer aus der Pfanne nehmen und zugedeckt warm halten.
5. Das restliche Öl in der Pfanne verteilen und aus dem übrigen Teig ebenso goldbraune Puffer backen. Die zweite Charge Puffer ebenfalls aus der Pfanne nehmen.
6. Den Zucker in die Pfanne streuen und bei mittlerer Hitze schmelzen und goldgelb karamellisieren lassen.
7. Die Puffer und die Mandarinen auf einem Teller anrichten, den Karamell über die Mandarinen träufeln.

VARIANTE

Falls Sie frische Orangen vorrätig haben, können Sie ein oder zwei davon statt der Mandarinen nehmen. Orangen dann so schälen, dass die weiße Außenhaut entfernt wird, danach die Filets zwischen den Trennhäutchen herausschneiden.

TIPPS

- Den abgetropften Mandarinensaft mit Mineralwasser gemischt als erfrischende Schorle trinken.
- Beim Verteilen einer kleinen Menge Öl in einer Pfanne leistet ein hitzebeständiger Backpinsel aus Silikon gute Dienste. Einfach einige Tropfen Öl in die Pfanne geben und mit dem Pinsel darin verstreichen.
- Beim Zubereiten des Karamells die Pfanne nicht aus den Augen lassen. Anfangs dauert es, bis der Zucker schmilzt, ganz plötzlich aber kann er dann auch dunkel und bitter werden.

MAHLZEIT 2

Überbackene Tomaten-Päckchen

FÜR 1 PORTION

2 Weizen-Tortillafladen (20 cm Durchmesser; je ca. 40 g)
1 Zwiebel
¼ Pck. luftgetrocknete Hartwurst (z.B. Kaminwurzen; 8 Stück = 150 g Inhalt; also nur 2 Stück oder ca. 35 g für dieses Rezept verwenden)
1 TL Olivenöl
½ Dose gehackte Tomaten (400 g Inhalt; also nur ca. 200 g für dieses Rezept verwenden)
1 TL getrockneter Thymian
2 TL Kapern
Salz, Pfeffer
40 g geriebener Käse

Außerdem:
evtl. Holzspießchen

Zubereitungszeit:
ca. 25 Minuten
Nährwerte: ca. 635 Kalorien

ZUBEREITUNG

1. Den Backofen auf 200°C Ober- und Unterhitze vorheizen. Ein Backblech mit Backpapier belegen.
2. Die beiden Tortillafladen nebeneinander auf das vorbereitete Backblech legen.
3. Die Zwiebel schälen und in kleine Würfel schneiden. Die Kaminwurzen in dünne Scheiben schneiden. Das Öl in einem Topf erhitzen, die Zwiebelwürfel darin bei mittlerer Hitze goldbraun braten. Die Kaminwurzen kurz mit anbraten, dann den Topf vom Herd nehmen.
4. Die gehackten Tomaten unter die Zwiebel-Wurst-Mischung rühren und die Mischung mit Thymian, Kapern, Salz und Pfeffer würzen.
5. Die Tomatenmischung in der Mitte auf die Tortillafladen geben. Die Fladen zu Päckchen falten, evtl. mit Holzspießchen feststecken, damit sich die Päckchen nicht wieder öffnen.
6. Den Käse über die Päckchen streuen und diese im Ofen (Mitte) ca. 15 Minuten überbacken.

TIPPS

- Die Tortillafladen sollten weich und gut formbar sein, sonst lassen sie sich nicht zu Päckchen falten. Zu trockene Fladen mit etwas Wasser bestreichen, dann werden sie wieder geschmeidig.
- Die Tomaten nicht mit aufkochen, sonst ist die Mischung zu heiß und Sie könnten sich beim weiteren Verarbeiten die Finger verbrennen.

VARIANTEN

- Falls frische Kräuter zur Verfügung stehen, einige Blättchen Basilikum oder Thymian auf die fertigen Päckchen streuen.
- Sie lieben es feurig? Dann haben Sie gewiss ein Chiligewürz im Vorratsschrank und können ein wenig davon an die Tomaten geben.

MAHLZEIT 1

Hähnchen-Mais-Ragout mit Nudeln

FÜR 1 PORTION

1 Zwiebel
1 EL Olivenöl
150 g Hähnchenfleisch im eigenen Saft (ca. 300 g Inhalt; nur ½ Dose für dieses Rezept verwenden)
Salz, Pfeffer
½ TL getrockneter Thymian
1 l Wasser
80 g Nudeln (Hartweizen, z. B. Girandole; Kochzeit: ca. 6 Min.)
1 kleine Dose Maiskörner (ca. 140 g Abtropfgewicht)

Zubereitungszeit: ca. 15 Minuten
Nährwerte: ca. 760 Kalorien

ZUBEREITUNG

1. Die Zwiebel schälen und in kleine Würfel schneiden. Das Öl in einer kleinen Pfanne erhitzen, die Zwiebelwürfel darin goldbraun anbraten. Das Hähnchenfleisch grob würfeln und dazugeben, mit Salz, Pfeffer und Thymian würzen und bei mittlerer bis starker Hitze ca. 3 Minuten braten.
2. Inzwischen das leicht gesalzene Wasser in einem kleinen Topf zum Kochen bringen, die Nudeln darin nach Packungsanweisung bissfest garen.
3. Den Mais in einem Sieb abtropfen lassen, zum Hähnchen geben, noch kurz mit erhitzen.
4. Die Nudeln in ein Sieb abgießen und abtropfen lassen, zusammen mit dem Hähnchen-Mais-Ragout anrichten.

TIPP

Den Rest vom Hähnchenfleisch in eine saubere Schüssel umfüllen und zugedeckt in den Kühlschrank stellen. Daraus entsteht am übernächsten Tag ein leckeres Currygericht.

VARIANTEN

- Wächst Thymian in Ihrem Garten? Dann können Sie das Ragout mit einigen frischen Blättchen bestreuen.
- Das Ragout können Sie auch mit etwas Curry würzen.

MAHLZEIT 2

Kraut-Flammkuchen

FÜR 1 PORTION

2 Weizen-Tortillafladen (20 cm Durchmesser; je ca. 40 g)
2 Ecken Schmelzkäse (je ca. 30 g)
½ kleine Dose Sauerkraut (285 g Abtropfgewicht; also nur ca. 140 g für dieses Rezept verwenden)
Salz, Pfeffer
edelsüßes Paprikapulver
20 g Mandeln
25 g magere rohe Schinkenwürfel
1 TL getrockneter Thymian

Zubereitungszeit: ca. 25 Minuten
Nährwerte: ca. 660 Kalorien

ZUBEREITUNG

1. Den Backofen auf 200°C Ober- und Unterhitze vorheizen. Ein Backblech mit Backpapier belegen. Einen Tortillafladen darauflegen und mit 1 Ecke Schmelzkäse bestreichen. Den zweiten Fladen darüberlegen und leicht andrücken, mit der zweiten Ecke Schmelzkäse bestreichen.
2. Das Sauerkraut in ein Sieb geben und abtropfen lassen, restliche Flüssigkeit mit einem Löffel herausdrücken. Das Kraut dann auf dem Fladen verteilen.
3. Das Kraut mit Salz, Pfeffer und Paprikapulver würzen. Die Mandeln grob hacken und zusammen mit den Schinkenwürfeln und dem Thymian darüber verteilen, den Flammkuchen im vorgeheizten Ofen (Mitte) ca. 10 Minuten backen.

TIPPS

- Das Sauerkraut wirklich gut ausdrücken, sonst gibt es zu viel Feuchtigkeit an den Flammkuchen ab und dieser wird nicht knusprig.
- Den Rest Sauerkraut in ein gut verschließbares Gefäß umfüllen und zugedeckt bis Tag 6 in den Kühlschrank stellen, dann werden daraus würzige Kraut-Nudeln.

VARIANTE

Statt der Mandeln die gleiche Menge geröstete gesalzene Erdnuss- oder Cashewkerne auf den Flammkuchen streuen.

TAG
05

MAHLZEIT 1

Überbackenes Püree mit Feta

FÜR 1 PORTION

4 getrocknete Tomaten in Öl
½ Dose Champignons (ca. 170 g Abtropfgewicht; also nur ca. 85 g für dieses Rezept verwenden)
ca. 175 ml Milch
½ Beutel Kartoffelpüree für 2 Portionen (also nur 1 Portion zubereiten)
½ TL getrockneter Thymian
Salz, Pfeffer
½ Paket Feta (150 g Inhalt; also nur 75 g für dieses Rezept verwenden)
1 EL geröstete Cashew- oder Erdnusskerne
1 EL Olivenöl

Zubereitungszeit:
ca. 25 Minuten
Nährwerte: ca. 715 Kalorien

ZUBEREITUNG

1. Den Backofen auf 200°C Ober- und Unterhitze vorheizen. Die Tomaten in kleine Würfel schneiden. Die Champignons abtropfen lassen und ebenfalls in kleine Würfel schneiden bzw. grob hacken.
2. In einem kleinen Topf die Milch (Flüssigkeitsmenge wie auf der Püreepackung für 1 Portion angegeben) aufkochen. In eine Schüssel umfüllen, das Püreepulver, die Tomaten, die Champignons und den Thymian einrühren, das Püree mit Salz und Pfeffer würzen und in eine kleine Auflaufform umfüllen.
3. Den Feta zerbröckeln und über das Püree streuen. Die gerösteten Cashew- oder Erdnusskerne obenauf streuen, das Olivenöl darüberträufeln. Die Form in den vorgeheizten Ofen (Mitte) stellen und alles ca. 15 Minuten überbacken.

VARIANTE

Keinen Appetit auf Kartoffelpüree? Nehmen Sie stattdessen Polenta. Dann bitte für die Flüssigkeitsmenge die Anleitung auf der Packung beachten.

TIPPS

- Hier verwenden Sie die restlichen Champignons von Tag 2.
- Den restlichen Feta gut verpackt in den Kühlschrank legen, er veredelt je zur Hälfte an Tag 7 das Nudelnest und an Tag 8 den Tomatenreis.

Gebratene Polentaschnitten

FÜR 1 PORTION

275 ml Wasser
½ TL Instant-Brühe
75 g feiner Maisgrieß (Polenta)
1 EL Olivenöl
½ Dose gehackte Tomaten (400 g; also nur ca. 200 g für dieses Rezept verwenden)
30 g getrocknete Cranberrys
1 TL getrocknete Kräuter der Provence
Salz, Pfeffer
30 g Mandeln

Zubereitungszeit:
ca. 15 Minuten
(+ 30 Min.ruhen)
Nährwerte: ca. 680 Kalorien

ZUBEREITUNG

1. Das Wasser mit der Instant-Brühe in einem kleinen Topf aufkochen. Den Maisgrieß einrühren, bei schwacher Hitze 2–3 Minuten garen. In eine kleine, kalt ausgespülte Form (ca. 10 × 20 cm) geben und glatt streichen, etwa 30 Minuten quellen und ruhen lassen.
2. Die Polenta auf ein Brett stürzen und in Stücke schneiden. Das Öl in einer beschichteten Pfanne erhitzen, die Polentastücke darin bei mittlerer bis starker Hitze ca. 5 Minuten goldbraun braten, dann vorsichtig wenden und auch auf der anderen Seite ca. 5 Minuten braten.
3. Inzwischen die Tomaten zusammen mit den Cranberrys in einen Topf geben, mit Kräutern der Provence sowie mit Salz und Pfeffer würzen und einmal aufkochen lassen.
4. Die Polentaschnitten zusammen mit den Tomaten auf einem Teller anrichten. Die Mandeln grob hacken, in der Pfanne bei starker Hitze kurz rösten und über die Polentaschnitten streuen.

TIPP

Die Polenta braucht mindestens 30 Minuten Ruhezeit, in der sie etwas abkühlt und fest wird. Sonst lässt sie sich nicht stürzen und in Stücke schneiden.

VARIANTE

Die Polentaschnitten mit gerösteten Cashew- oder Erdnusskernen toppen.

MAHLZEIT 1

Hühnercurry mit Reis

FÜR 1 PORTION

1 Zwiebel
1 EL Öl
150 g Hähnchenfleisch im eigenen Saft (ca. 300 g Inhalt; also nur ½ Dose für dieses Rezept verwenden)
Salz, Pfeffer
½ Pck. Kokosmilch (200 ml; also nur 100 ml für dieses Rezept verwenden)
2 TL Currypulver
½ Pck. Express-Reis (z.B. Basmati; 250 g Inhalt; also nur ca. 125 g für dieses Rezept verwenden)
1–2 EL Schnittlauchröllchen (sofern vorhanden)

Zubereitungszeit: ca. 15 Minuten
Nährwerte: ca. 715 Kalorien

ZUBEREITUNG

1. Die Zwiebel schälen und in kleine Würfel schneiden. Das Öl in einem kleinen Topf erhitzen, die Zwiebelwürfel darin goldbraun anbraten. Das Hähnchenfleisch grob würfeln und dazugeben, mit Salz und Pfeffer würzen und bei mittlerer bis starker Hitze ca. 3 Minuten braten.
2. Die Kokosmilch und das Currypulver dazugeben, alles einmal aufkochen lassen.
3. Inzwischen den Reis nach Packungsanweisung in einem kleinen Topf oder in der Mikrowelle erhitzen.
4. Den Reis zusammen mit dem Curry anrichten und evtl. mit Schnittlauchröllchen bestreuen.

TIPPS

- Hier wird das übrige Hähnchenfleisch von Tag 4 verwendet.
- Die restliche Kokosmilch im Kühlschrank aufbewahren, sie wird am Tag 8 für das Kokoscurry benötigt.

VARIANTE

Statt Reis können Sie als Beilage auch Nudeln kochen, auch diese Kombi schmeckt lecker. Vielleicht haben Sie ja Glas- oder Reisnudeln im Vorrat, die passen dann besonders gut.

MAHLZEIT 2

Kraut-Nudeln mit Kaminwurzen

FÜR 1 PORTION

1 l Wasser
Salz
100 g Nudeln (Hartweizen, z.B. Girandole; Kochzeit ca. 6 Min.)
½ Pck. luftgetrocknete Hartwurst (z.B. Kaminwurzen; 8 Stück = 150 g Inhalt; also nur 4 Stück = ca. 75 g für dieses Rezept verwenden)
1 kleine Zwiebel
1 TL Olivenöl
½ kleine Dose Sauerkraut (285 g Abtropfgewicht; also nur ca. 140 g für dieses Rezept verwenden)
Salz, Pfeffer
edelsüßes Paprikapulver

Zubereitungszeit ca. 20 Minuten
Nährwerte: ca. 675 Kalorien

ZUBEREITUNG

1. In einem kleinen Topf das leicht gesalzene Wasser zum Kochen bringen. Die Nudeln darin nach Packungsanweisung bissfest garen.
2. Inzwischen die Hartwurst in Scheiben schneiden. Die Zwiebel schälen und in kleine Würfel schneiden. Das Olivenöl in einer Pfanne erhitzen, die Wurst und die Zwiebelwürfel darin bei mittlerer bis starker Hitze ca. 2 Minuten anbraten.
3. Das Sauerkraut zur Wurst in die Pfanne geben, alles mit Salz, Pfeffer und Paprikapulver würzen und noch ca. 2 Minuten braten.
4. Die Nudeln in ein Sieb abgießen und abtropfen lassen, zum Kraut in die Pfanne geben und alles vermischen, abschmecken und auf einen Teller umfüllen.

TIPP

Heute verwenden Sie das restliche Sauerkraut, und bei diesem Rezept kann auch die Flüssigkeit aus der Dose mit in den Topf wandern.

VARIANTE

Statt mit Wurst schmecken die Nudeln auch mit etwas Speck oder Schinken. Schauen Sie, was evtl. noch im Kühlschrank bereitliegt.

MAHLZEIT 1

Gemüsetopf mit Couscous

FÜR 1 PORTION

1 Zwiebel
1 EL Öl
250 ml Wasser
1 TL Instant-Brühe
1 kleine Dose Erbsen mit Möhren (ca. 130 g Abtropfgewicht)
½ Glas Sojabohnenkeime (ca. 160 g Abtropfgewicht; also nur ca. 80 g für dieses Rezept verwenden)
40 g Couscous
Salz, Pfeffer
edelsüßes Paprikapulver
2 EL geröstete Cashew- oder Erdnusskerne
1 EL geriebener Käse

Zubereitungszeit: 20 Minuten
Nährwerte: ca. 635 Kalorien

ZUBEREITUNG

1. Die Zwiebel schälen und in dünne Spalten schneiden. Das Öl in einem Topf erhitzen, die Zwiebelspalten darin bei mittlerer Hitze ca. 5 Minuten goldbraun braten.
2. Das Wasser angießen und aufkochen lassen. Die Instant-Brühe einrühren.
3. Die Erbsen mit Möhren samt Sud aus der Dose dazugeben, dann auch die Sojabohnenkeime. Alles aufkochen lassen.
4. Den Couscous einrühren und den Gemüsetopf bei ganz schwacher Hitze ca. 5 Minuten quellen lassen.
5. Den Eintopf mit Salz, Pfeffer und Paprikapulver abschmecken und auf einen tiefen Teller geben.
6. Die gerösteten Cashew- oder Erdnusskerne evtl. etwas kleiner hacken, mit dem Käse mischen und über den Gemüsetopf streuen.

TIPPS

- Sojabohnenkeimlinge haben etwas mehr Biss als die verbreiteten Mungobohnenkeimlinge. Aber auch diese können Sie verwenden.
- Den Rest der Sojabohnenkeimlinge im gut verschlossenen Glas bis zum nächsten Tag in den Kühlschrank stellen. Dann wird er für das Kokoscurry benötigt.

VARIANTE

Statt Couscous den Gemüsetopf mit etwas Reis zubereiten. Oder auf beides verzichten und ein oder zwei Scheiben Knäckebrot dazu essen.

Nudelnest mit Mais und Erbsen

FÜR 1 PORTION

1 l Wasser
Salz
100 g Capellini
½ kleine Dose Maiskörner (ca. 140 g Abtropfgewicht; also nur ca. 70 g bei diesem Rezept verwenden)
½ kleine Dose junge Erbsen (140 g Abtropfgewicht; also nur ca. 70 g bei diesem Rezept verwenden)
½ Päckchen Hafercreme (250 ml Inhalt; also nur 125 ml bei diesem Rezept verwenden)
Pfeffer
¼ Pck. Feta (150 g Inhalt; also nur knapp 40 g für dieses Rezept verwenden)
edelsüßes Paprikapulver
frisches Basilikum (sofern vorhanden)

Zubereitungszeit: ca. 15 Minuten
Nährwerte: ca. 690 Kalorien

ZUBEREITUNG

1. Das Wasser in einem Topf aufkochen und leicht salzen. Die Capellini hineingeben und bei starker Hitze ca. 3 Minuten bissfest garen.
2. Inzwischen den Mais und die Erbsen in einem Sieb abtropfen lassen und in einen kleinen Topf geben. Die Hafercreme dazugeben, alles aufkochen lassen und mit etwas Salz und Pfeffer würzen.
3. Die Capellini in ein Sieb abgießen und abtropfen lassen, in einen tiefen Teller geben und darauf zu einem Nest formen. Das Gemüse in die Mitte geben, den Feta darüber zerbröckeln und alles mit etwas Pfeffer und Paprikapulver bestreuen.
4. Wenn frisches Basilikum vorhanden ist, einige Blättchen davon abzupfen und über die anderen Zutaten streuen.

TIPPS

- Das restliche Gemüse aus den Dosen in kleine Schälchen oder in Tassen umfüllen und zugedeckt in den Kühlschrank stellen. Auch die übrige Hafercreme kühl stellen.
- Von der im Kühlschrank bereitliegenden Portion Feta nehmen Sie für dieses Rezept etwa die Hälfte. Der Rest bleibt bis zum nächsten Tag im Kühlschrank.
- Wenn Ihnen die Sauce zu dünnflüssig ist, lassen Sie die Hafercreme bei starker Hitze ein wenig einkochen. Oder binden Sie sie mit etwas Mehl, das Sie vorher mit kaltem Wasser angerührt haben.

VARIANTE

Statt der dünnen Capellini können Sie auch andere Nudeln kochen, wenn Sie welche im Vorrat haben. Beachten Sie die Garzeiten auf der Packung.

Ideal für alle Fälle: Dosen und Gläser

Noch vor wenigen Generationen war das Einkochen von Lebensmitteln die beste Methode, satt durch den Winter zu kommen und den Tisch einigermaßen vielseitig zu decken. Inzwischen hat die Industrie diesen Part übernommen und stellt uns eine Vielzahl an Dosen und Gläsern mit den verschiedensten Obst- und Gemüsesorten ebenso wie mit Fertiggerichten in die Supermarktregale. Und wohl jeder, der im Alltag am liebsten auf Frisches zurückgreift, ist ab und zu froh über die blitzschnelle Einsatzfähigkeit des Eingemachten. Warum auch nicht, manchmal sind Konserven ebenso gut oder gar besser als Frisches. Beispielsweise sind – vor allem im Winter – Tomaten aus der Dose oft aromatischer als eher langweilig schmeckende frische Exemplare, mögen sie auch noch so rot leuchten. Warum das so ist? Voll ausgereifte Früchte werden sofort nach der Ernte verarbeitet und in Dosen konserviert. Was für Tomaten gilt, lässt sich auch auf andere Konserven übertragen. Die Zutaten werden schnellstmöglich nach der Ernte zu einer nahe gelegenen Fabrik gebracht und dort umgehend verarbeitet – die frische Rohware ist meist bereits nach wenigen Stunden in Glas oder Dose verpackt. So bleiben Aromen und gesunde Vitamine erhalten. Das ist sogar von Wissenschaftlern bewiesen: Untersuchungen haben gezeigt, dass Lebensmittel aus der Dose eine vergleichbare Menge an Vitaminen enthalten wie frische Produkte nach einer üblichen Zubereitung im Haushalt. Zudem: Längere Lagerung im Haushalt lässt den Vitamingehalt rasant sinken, und wer kann sich schon frisch vom Feld versorgen.

Dose gegen Glas

Beide haben ihre Vorzüge. In Dosen sind die Zutaten lichtdicht verschlossen, lichtempfindliche Vitamine sind bestens geschützt. In Gläsern hingegen sehen Sie auf einen Blick, was drinsteckt, etwa die Größe der enthaltenen Pfifferlinge. Doch egal, ob Dose oder Glas: Die Zutaten warten fest verschlossen auf ihren Einsatz, stehen jederzeit bereit, ohne dass Sauerstoff an sie herankommt und somit Vitaminverlust und Verderb drohen.

Konserven für den Vorrat

Unser Buch stellt Ihnen einen Notfall-Plan für eine Person bereit. Entsprechend berücksichtigen wir nur kleine Konservendosen und -gläser. Größere Dosen mit mehr Inhalt sind in der Regel zu üppig für einzelne Mahlzeiten, mehr oder weniger große Mengen würden übrig bleiben und evtl. verderben.

Zwar können Reste aus einer Dose im Kühlschrank ein oder zwei Tage auf ihre Weiterverwendung warten, fällt jedoch die Kühlung aus, muss alles auf einmal verbraucht werden.
Zum Glück gibt es längst eine Vielzahl an Lebensmitteln in kleinen Dosen und Gläsern zu kaufen. Begeben Sie sich einmal in Ruhe auf die Suche nach unseren Vorschlägen oder Ihren Geschmacksfavoriten in einen großen Supermarkt. Stellen Sie dann ausreichende Mengen davon in Ihren Vorratsschrank.
Es ist auch kein Problem, wenn – glücklicherweise – keine Notfall-Situation eintritt. Konserven sind ungemein lang haltbar – meist deutlich länger, als das aufgedruckte Datum anzeigt. Dennoch sollten Sie dieses stets im Auge behalten und Dosen ebenso wie Gläser von Zeit zu Zeit auf ihre Haltbarkeit kontrollieren. Im Durchschnitt können Sie Eingemachtes vier bis fünf Jahre lagern. Der beste Platz dafür ist ein trockener, nicht zu warmer Raum, bei Gläsern ist zudem Dunkelheit sinnvoll.

Top 10 – auch für die Alltagsküche

Tomaten
Kichererbsen
Kidneybohnen
Erbsen
Mais
Sauerkraut
Pfifferlinge
Thunfisch
Kirschen
Mandarinen

TAG
08

MAHLZEIT 1

Naan-Brote mit Kokoscurry

FÜR 1 PORTION

1 Knoblauchzehe (nach Belieben)
80 g Mehl
evtl. ½ TL Backpulver (siehe Tipp)
2 TL Öl (oder zerlassene Butter bzw. Margarine, wenn vorhanden)
Salz
ca. 5 EL Wasser
1 kleine Dose Kichererbsen (ca. 130 g Abtropfgewicht)
½ Glas Sojabohnenkeime (ca. 160 g Abtropfgewicht; also nur ca. 80 g für dieses Rezept verwenden)
½ Pck. Kokosmilch (200 ml; also nur 100 ml für dieses Rezept verwenden)
½ TL getrockneter Thymian
1–2 TL Currypulver
Pfeffer

Zubereitungszeit: ca. 35 Minuten
Nährwerte: ca. 715 Kalorien

ZUBEREITUNG

1. Den Knoblauch schälen und zerdrücken, mit Mehl, Backpulver oder Hefe, Öl, ½ TL Salz und 4–5 EL Wasser zu einem glatten Teig verkneten. 5 Minuten ruhen lassen.
2. Inzwischen die Kichererbsen und die Sojabohnenkeime in einem Sieb abtropfen lassen und in einen Topf geben. Kokosmilch, Thymian, Currypulver sowie etwas Salz und Pfeffer dazugeben, alles bei starker Hitze ca. 5 Minuten köcheln lassen.
3. Den Teig noch einmal gut durchkneten, dann in 2 Portionen teilen und jeweils zu dicken, ca. 10 cm großen Fladen ausrollen.
4. Eine Pfanne (siehe Tipps) stark erhitzen. Die Fladen darin bei mittlerer bis starker Hitze 2–3 Minuten backen, bis sie sich aufblähen, dann wenden und auch von der anderen Seite 2–3 Minuten backen. Die Fladen sollen braune Flecken bekommen.
5. Das Curry noch einmal abschmecken und zusammen mit den Naan-Broten servieren.

TIPPS

- Wenn die Pfanne mindestens 22 cm groß ist, passen beide Brote gleichzeitig hinein. In einer kleineren Pfanne backen Sie die Brote einfach nacheinander.
- Verwenden Sie den Rest der Sojabohnenkeime und der Kokosmilch, – beide stehen im Kühlschrank bereit.

VARIANTE

Statt mit Backpulver können Sie die Brote auch mit etwas Hefe backen. Geben Sie knapp ½ TL getrocknete oder ein kleines Stück frische Hefe an den Teig und lassen Sie ihn etwa 30 Minuten an einem warmen Ort aufgehen. Wenn weder Hefe noch Backpulver im Vorrat liegen, können Sie die Brote auch ohne diese Zutat backen, sie gehen dann nur nicht auf.

Tomatenreis mit Feta

FÜR 1 PORTION

½ kleine Dose junge Erbsen (140 g Abtropfgewicht; also nur ca. 70 g bei diesem Rezept verwenden)
½ Päckchen Hafercreme (250 ml Inhalt; also nur 125 ml bei diesem Rezept verwenden)
1 TL Kapern
Salz, Pfeffer
2 getrocknete Tomaten in Öl
½ Dose gehackte Tomaten (400 g; also nur ca. 200 g für dieses Rezept verwenden)
1 gehäufter TL Pesto rosso (aus dem Glas; ca. 20 g)
1 TL getrocknete Kräuter der Provence
½ Pck. Express-Reis (z.B. Basmati; 250 g Inhalt; also nur ca. 125 g für dieses Rezept verwenden)
¼ Paket Feta (150 g Inhalt; also nur ca. 40 g für dieses Rezept verwenden)

Zubereitungszeit: ca. 15 Min.
Nährwerte: ca. 600 Kalorien

ZUBEREITUNG

1. Die Erbsen in einem Sieb abtropfen lassen und zusammen mit der Hafercreme und den Kapern in einen kleinen Topf geben. Alles aufkochen, mit etwas Salz und Pfeffer würzen und bei mittlerer Hitze etwa 5 Minuten leicht einkochen lassen.
2. Die getrockneten Tomaten in kleine Stücke schneiden, zusammen mit den gehackten Tomaten, dem Pesto, den Kräutern der Provence sowie etwas Salz und Pfeffer in einen Topf geben. Den Reis untermischen und alles aufkochen, dann bei schwacher Hitze ca. 2 Minuten köcheln lassen.
3. Den Tomatenreis auf einen tiefen Teller geben, in der Mitte eine Mulde formen. Die Erbsen in diese Mulde geben und den Feta darüber bröckeln.

VARIANTE

Wenn Sie Chiliflocken oder ein anderes scharfes Gewürz im Vorratsschrank haben, verleihen Sie dem Tomatenreis damit ein wenig Feuer.

TIPPS

- Hafercreme und Erbsen stehen bereits von einem der vorigen Rezepte im Kühlschrank bereit.
- Heute verwenden Sie den restlichen Feta.

MAHLZEIT 1

Crêpes mit Kirschkompott

FÜR 1 PORTION

1 kleines Glas entsteinte Sauerkirschen (ca. 185 g Abtropfgewicht)
20 g getrocknete Cranberrys
55 g Mehl
1 Ei
125 ml Milch
1 EL Öl (oder Butter bzw. Margarine, wenn vorhanden)
1 EL Honig oder Ahornsirup (nach Belieben)

Zubereitungszeit: ca. 25 Minuten
Nährwerte: ca. 730 Kalorien

ZUBEREITUNG

1. Die Kirschen mit dem Sud aus dem Glas und die getrockneten Cranberrys in einen kleinen Topf geben. 2 EL vom Kirschsud in eine Tasse umfüllen, darin mit 2 TL Mehl glatt rühren. Die Kirschen im Topf aufkochen, das angerührte Mehl dazugeben und alles bei schwacher Hitze 1–2 Minuten köcheln lassen, dann von der Kochstelle nehmen.
2. Das restliche Mehl mit dem Ei und der Milch zu einem glatten Teig anrühren und etwa 10 Minuten quellen lassen.
3. Knapp 1 TL Öl in einer beschichteten Pfanne erhitzen. Etwa ein Drittel vom Teig hineingeben, durch Schwenken der Pfanne in dieser verteilen, bei mittlerer Hitze ca. 2 Minuten zu einem dünnen Crêpe backen. Nacheinander 3 dünne Crêpes backen, dabei immer wieder tropfenweise Öl in die Pfanne geben.
4. Die Crêpes zusammen mit dem Kompott anrichten. Nach Belieben etwas Honig oder Ahornsirup über die Crêpes träufeln.

TIPP

Wenn Ihnen die Menge Kirschkompott als Beilage zu den Crêpes zu üppig ist, stellen Sie einen Teil zugedeckt in den Kühlschrank. Es hält sich mindestens zwei Tage und schmeckt wunderbar als Dessert oder als fruchtiges Topping für ein Müsli.

VARIANTE

Crêpes schmecken natürlich auch mit jedem anderen Kompott sehr gut. Sie können aber auch ganz einfach Zucker darüberstreuen, Konfitüre aufstreichen oder die dünnen Pfannkuchen mit ein wenig Nussnougatcreme toppen – je nachdem, was Ihr Vorrat hergibt.

One-Pot-Pasta mit Kaminwurzen

FÜR 1 PORTION

¼ Pck. luftgetrocknete Hartwurst (z.B. Kaminwurzen; 8 Stück = 150 g Inhalt; also nur 2 Stück = ca. 40 g für dieses Rezept verwenden)
1 Zwiebel
1 Knoblauchzehe (nach Belieben)
1 EL Olivenöl
200 ml Wasser
½ TL Instant-Brühe
80 g Nudeln (Hartweizen, Kochzeit: ca. 6 Min.; z.B. Girandole)
1 TL getrockneter Thymian
Salz, Pfeffer
½ kleine Dose Maiskörner (ca. 140 g Abtropfgewicht; also nur ca. 70 g bei diesem Rezept verwenden)
2 gehäufte TL Pesto rosso (aus dem Glas; ca. 40 g)

Zubereitungszeit: ca. 15 Minuten
Nährwerte: ca. 760 Kalorien

ZUBEREITUNG

1. Die Kaminwurzen in dünne Scheiben schneiden. Die Zwiebel schälen und in kleine Würfel schneiden. Den Knoblauch schälen und ebenfalls in würfel schneiden.
2. Das Olivenöl in einem Topf erhitzen, die Kaminwurzen sowie die Zwiebel- und die Knoblauchwürfel darin rundherum 1–2 Minuten bei mittlerer Hitze anbraten.
3. Das Wasser angießen, die Instant-Brühe einrühren und alles aufkochen lassen.
4. Die Nudeln, den getrockneten Thymian sowie etwas Salz und Pfeffer zugeben, aufkochen und offen unter ständigem Rühren ca. 6 Minuten köcheln lassen. Sollte die Mischung zu trocken werden, löffelweise weiteres Wasser zugeben.
5. Den Mais samt Sud aus der Dose dazugeben, alles noch einmal aufkochen, abschmecken und mit Pesto toppen.

TIPPS

- Der Mais steht im Kühlschrank bereit – die andere Hälfte aus der Dose wurde beim Nudelnest an Tag 7 verwendet.
- Beim Pesto nehmen Sie etwa die Hälfte der noch im Glas vorhandenen Menge. Der Rest würzt die Polenta an Tag 13.

VARIANTE

Sind noch frische Tomaten vorhanden oder reifen gar welche im Garten heran? Eine Frucht klein würfeln und obenauf streuen. Auch etwas Chili kann für zusätzliche Würze sorgen.

TAG
10

MAHLZEIT 1

Rote Bete mit Püreehaube

FÜR 1 PORTION

250 g gekochte Rote Beten
50 g magere rohe Schinkenwürfel
Salz, Pfeffer
ca. 175 ml Milch (siehe Tipp)
½ Beutel Kartoffelpüree für 2 Portionen (also nur 1 Portion zubereiten)
3–4 EL geriebener Käse (der Rest aus der Packung)
1 EL Mandeln

Zubereitungszeit:
ca. 30 Minuten
Nährwerte: ca. 740 Kalorien

ZUBEREITUNG

1. Den Backofen auf 200°C Ober- und Unterhitze vorheizen. Die gekochten Rote Beten mundgerecht würfeln (siehe Tipp) und in eine kleine Auflaufform geben, den Schinken darüberstreuen und alles leicht salzen und pfeffern.
2. Die Milch in einem kleinen Topf aufkochen, das Püreepulver einrühren.
3. Das Püree über die Roten Beten löffeln und wolkig formen. Den Käse darüber streuen. Die Mandeln grob hacken und ebenfalls darüberstreuen. Alles im vorgeheizten Ofen (Mitte) ca. 15 Minuten überbacken.

TIPPS

- Tragen Sie beim Schneiden von Roter Bete stets Küchenhandschuhe, die Knollen färben stark. Oder Sie halten die Knolle mit einer Gabel und zerkleinern sie dann.
- Die restliche Rote Bete zugedeckt in den Kühlschrank stellen.
- Püreepulver benötigt je nach Sorte unterschiedlich viel Flüssigkeit. Lesen Sie die Packungsanweisung und nehmen Sie ggf. zusätzlich etwas Wasser.

VARIANTE

Wenn noch frische oder tiefgefrorene Kräuter vorhanden sind, bestreuen Sie das Gratin nach dem Backen mit Schnittlauchröllchen. Die sorgen sofort für viel Frische.

MAHLZEIT 2

Heringstopf mit Reis

FÜR 1 PORTION

1 Zwiebel
1 EL Öl
250 ml Wasser
1 TL Instant-Brühe
Salz, Pfeffer
½ TL getrockneter Thymian
½ Pck. Express-Reis (z.B. Basmati; 250 g Inhalt; also nur ca. 125 g für dieses Rezept verwenden)
½ Dose Erbsen (140 g Abtropfgewicht; nur ca. 70 g für dieses Rezept verwenden)
½ Dose Heringsfilets in Tomatensauce (200 g Inhalt; also ca. 100 g für dieses Rezept verwenden)
30 g getrocknete Cranberrys

Zubereitungszeit: ca. 15 Minuten
Nährwerte: ca. 635 Kalorien

ZUBEREITUNG

1. Die Zwiebel schälen und in kleine Würfel schneiden. Das Öl in einem Topf erhitzen, die Zwiebelwürfel darin bei mittlerer Hitze goldgelb anbraten.
2. Das Wasser angießen, die Instant-Brühe sowie etwas Salz, Pfeffer und den Thymian dazugeben und einmal aufkochen lassen.
3. Reis und Erbsen einrühren, dann auch die Heringsfilets mitsamt der Tomatensauce. Alles zusammen erhitzen, abschmecken und mit Cranberrys bestreuen.

TIPP

Den Rest der Fischdose in eine saubere Schüssel umfüllen und zugedeckt in den Kühlschrank stellen. Er kommt als Beilage zu den Maispuffern an Tag 12 auf den Teller.

VARIANTE

Wenn Sie Süßes und Pikanten in Kombination nicht so gern mögen, streuen Sie einige geröstete gesalzene Cashew- oder Erdnusskerne auf das Essen.

TAG 11

MAHLZEIT 1

Buntes Bohnengemüse

FÜR 1 PORTION

250 g gekochte Rote Beten
1 kleines Glas weiße Bohnenkerne (ca. 130 g Abtropfgewicht)
1 kleine Dose Kidneybohnen (ca. 125 g Abtropfgewicht)
½ Dose Erbsen (140 g Abtropfgewicht; also nur ca. 70 g für dieses Rezept verwenden)
50 ml Wasser
1 TL Instant-Brühe
1 Ecke Schmelzkäse (ca. 30 g)
175 ml Milch
40 g Polenta
Salz, Pfeffer

Zubereitungszeit: ca. 20 Minuten
Nährwerte: ca. 755 Kalorien

ZUBEREITUNG

1. Die gekochten Roten Beten mundgerecht würfeln (siehe Tipps) und in einen Topf geben.
2. Die weißen Bohnenkerne und die Kidneybohnen in ein Sieb abgießen und abtropfen lassen, zu den Roten Beten geben. Die Erbsen samt Sud aus der Dose ebenfalls dazugeben.
3. Das Wasser angießen, die Instant-Brühe einrühren. Alles aufkochen und knapp 5 Minuten bei mittlerer Hitze köcheln lassen.
4. Inzwischen den Käse klein schneiden und mit der Milch in einen kleinen Topf geben, unter Rühren aufkochen und den Käse schmelzen lassen. Den Maisgrieß einrühren und knapp 5 Minuten bei ganz schwacher Hitze quellen lassen, dabei häufig rühren.
5. Das Gemüse und die Polenta mit etwas Salz und Pfeffer abschmecken und zusammen servieren.

TIPPS

- Heute kommt die übrige Rote Bete zum Einsatz, die zweite Hälfte wurde an Tag 10 mit einer Püreehaube gratiniert.
- Tragen Sie beim Schneiden von Roter Bete stets Küchenhandschuhe – die Knollen färben stark. Oder halten Sie die Knolle mit einer Gabel und zerkleinern sie dann.

VARIANTE

Statt das Gemüse mit Polenta zu kombinieren, können Sie auch Kartoffelpüree oder Nudeln dazu servieren.

MAHLZEIT 2

Zuckernudeln mit Ananas

FÜR 1 PORTION

1 Dose Ananasscheiben (140 g Abtropfgewicht)
200 ml Milch
Salz
1 EL Zucker
80 g Capellini
30 g getrocknete Cranberrys
20 g Mandeln

Zubereitungszeit: ca. 15 Minuten
Nährwerte: ca. 760 Kalorien

ZUBEREITUNG

1. Die Ananas in ein Sieb abgießen, den Sud aus der Dose in einer Schüssel darunter auffangen.
2. Die Milch und 1 Prise Salz sowie den Zucker in einen kleinen Topf geben und zum Kochen bringen. Die Capellini einmal in der Mitte durchbrechen und in die Milch geben, dann auch die getrockneten Cranberrys dazugeben. Alles aufkochen und bei mittlerer Hitze unter ständigem Rühren ca. 3 Minuten kochen.
3. Inzwischen die Mandeln grob hacken und in einer Pfanne rösten, bis sie angenehm duften. Die Mandeln dann aus der Pfanne nehmen und beiseitestellen.
4. Die Pfanne stark erhitzen, die Ananasscheiben von jeder Seite ca. ½ Minute braten.
5. Den Ananassaft unter die Nudeln rühren und die Nudeln zusammen mit den gebratenen Ananasscheiben auf einem Teller anrichten, die gerösteten Mandeln obenauf streuen.

TIPP

Lassen Sie die Ananas beim Anbraten nicht aus den Augen, damit die Früchte nicht verbrennen.

VARIANTE

Die süßen Nudeln schmecken auch zusammen mit anderen Früchten. Durchstöbern Sie Ihren Vorrat und wählen Sie Ihren Favoriten aus.

TAG 12

MAHLZEIT 1

Wachsweiche Eier mit Käsepüree

FÜR 1 PORTION

2 Eier
75 ml Milch (siehe Tipps)
ca. 100 ml Wasser
2 Ecken Schmelzkäse (à ca. 30 g)
½ Beutel Kartoffelpüree für 2 Portionen (also nur 1 Portion zubereiten)
1 TL Kapern
Salz, Pfeffer
edelsüßes Paprikapulver
20 g Mandeln

Zubereitungszeit: ca. 20 Minuten
Nährwerte: ca. 640 Kalorien

VARIANTE

Sie haben noch frische Kräuter auf dem Balkon oder im Garten? Oder im Tiefkühler liegen noch welche bereit? Toppen Sie alles mit Schnittlauchröllchen oder fein geschnittenem Basilikum.

ZUBEREITUNG

1. Die Eier anpiksen und in einem kleinen Topf in kochendem Wasser ca. 8 Minuten wachsweich garen.
2. Inzwischen in einem zweiten kleinen Topf die Milch und 100 ml Wasser zum Kochen bringen.
3. Die Käseecken grob zerschneiden oder mit einem Löffel teilen, in die Flüssigkeit geben und darin unter Rühren schmelzen lassen.
4. Das Püreepulver in die Käsemilch einrühren. Die Kapern ebenfalls darunterrühren, dann das Püree mit Salz, Pfeffer und etwas Paprikapulver abschmecken und auf einen Teller geben.
5. Die Eier abgießen und mit kaltem Wasser abspülen, dann schälen und halbieren.
6. Die Eierhälften zum Käsepüree auf den Teller legen. Die Mandeln grob hacken und darüberstreuen.

TIPPS

- Wenn Sie sich genau an unsere Wochenpläne gehalten haben, müssten noch ca. 75 ml Milch in der Packung sein. Nicht schlimm, wenn der Vorrat zwischenzeitlich verbraucht wurde – nehmen Sie einfach mehr Wasser.
- Für die genaue benötigte Wassermenge lesen Sie bitte die Angabe auf der Püreepackung nach. Jede Püreesorte wird ein wenig anders zubereitet.
- Wenn Sie sich unsicher bezüglich des Alters der Eier sind, sollten Sie sie lieber hart kochen, statt wachsweich zu servieren.

MAHLZEIT 2

Maispuffer mit Heringsfilet

FÜR 1 PORTION

1 kleine Dose Maiskörner (ca. 140 g Abtropfgewicht)
1 Ei
3 EL Mehl
Salz, Pfeffer
½ TL getrocknete Kräuter der Provence
1 EL Öl
½ Dose Heringsfilets in Tomatensauce (200 g Inhalt; also ca. 100 g bei diesem Rezept verwenden)
1 EL geröstete und gesalzene Cashew- oder Erdnusskerne

Zubereitungszeit: ca. 20 Minuten
Nährwerte: ca. 670 Kalorien

ZUBEREITUNG

1. Die Maiskörner mitsamt dem Sud aus der Dose in eine Schüssel geben. Ei und Mehl dazugeben, alles mit Salz, Pfeffer und getrockneten Kräutern der Provence würzen und gründlich verrühren.
2. Etwa 1 TL Öl in einer beschichteten Pfanne verteilen und erhitzen. Für jeden Puffer gut 1 EL von der Maismischung in die Pfanne geben und bei mittlerer Hitze ca. 2 Minuten backen. Die Puffer dann vorsichtig wenden und auch auf der anderen Seite 2 Minuten goldbraun backen.
3. Die fertigen Puffer aus der Pfanne nehmen und zugedeckt warm halten.
4. Das übrige Öl in der Pfanne verteilen und erhitzen, aus der restlichen Maismasse weitere Pfuffer backen. Insgesamt entstehen 4–5 Puffer.
5. Die Heringsfilets samt Tomatensauce zu den Maispuffern geben. Die Cashew- oder Erdnusskerne obenauf streuen.

TIPPS

- Heute kommt das restliche Heringsfilet zum Einsatz – es steht im Kühlschrank von Tag 10 bereit.
- Die letzte Dose Mais bildet die Basis für die feinen Gemüsepuffer. Sollte sie aus irgendeinem Grund fehlen, bereiten Sie einfach Pancakes zu. Rezepte dafür finden Sie im Frühstückskapitel.

VARIANTE

Wenn vorhanden, können Sie einige frische Thymianblättchen obenauf streuen.

TAG
13

MAHLZEIT 1

Pesto-Polenta mit Corned Beef

FÜR 1 PORTION

250 ml Wasser
½ TL Instant-Brühe
65 g feiner Maisgrieß (Polenta)
ca. 80 g Pesto rosso (siehe Tipp)
1 Zwiebel
1 TL Olivenöl
½ Glas Corned Beef (200 g Inhalt; also nur 100 g bei diesem Rezept verwenden)
Salz, Pfeffer
edelsüßes Paprikapulver

Zubereitungszeit: ca. 20 Minuten
Nährwerte: ca. 750 Kalorien

ZUBEREITUNG

1. Das Wasser mit der Instant-Brühe in einem kleinen Topf aufkochen. Den Maisgrieß einrühren und bei schwacher Hitze unter häufigem Rühren 1–2 Minuten garen.
2. Das Pesto zur Polenta geben, gründlich damit verrühren und alles bei ganz schwacher Hitze noch ca. 3 Minuten quellen lassen.
3. Inzwischen die Zwiebel schälen und in kleine Würfel schneiden. Das Öl in einem Topf erhitzen, die Zwiebelwürfel darin goldbraun anbraten.
4. Das Corned Beef zur Zwiebel geben und bei mittlerer Hitze 1–2 Minuten mit anbraten, dann mit Salz, Pfeffer und Paprikapulver abschmecken und auf einen Teller geben.
5. Die Polenta ebenfalls mit Salz, Pfeffer und etwas Paprikapulver abschmecken, zum Corned Beef auf den Teller geben.

TIPPS

- Egal, wie viel Pesto noch im Glas ist – rühren Sie den Rest unter die Polenta. So bleibt nichts mehr übrig.
- Den Rest vom Corned Beef sollten Sie in ein Schälchen umfüllen und zugedeckt in den Kühlschrank stellen. Er wird an Tag 14 zusammen mit Kidneybohnen zu einem weiteren leckeren Hauptgericht.

VARIANTE

Wenn Sie (noch) frisches Basilikum haben, sollten Sie einige Blättchen davon abzupfen, klein schneiden und über die anderen Zutaten streuen.

MAHLZEIT 2

Nudelsalat mit Kichererbsen

FÜR 1 PORTION

2 Eier
Salz
60 g Nudeln (Hartweizen, z.B. Girandole; Kochzeit: ca. 6 Min.)
2 Ecken Schmelzkäse (à ca. 30 g)
2 EL Essig
Salz, Pfeffer
edelsüßes Paprikapulver
1 kleine Dose Kichererbsen (ca. 130 g Abtropfgewicht)

Zubereitungszeit: ca. 20 Minuten
Nährwerte: ca. 700 Kalorien

ZUBEREITUNG

1. Die Eier anpiksen und in einem kleinen Topf in kochendem Wasser ca. 10 Minuten hart kochen.
2. Parallel dazu etwa 1 l Wasser in einem zweiten Topf zum Kochen bringen. Etwas Salz und die Nudeln hineingeben. Die Nudeln im kochenden Wasser nach Packungsanweisung bissfest garen.
3. Inzwischen den Käse zusammen mit dem Essig und ca. 4 EL Wasser in einen Rührbecher geben. Die Zutaten mit einem Pürierstab zu einem cremigen Dressing mixen. Das Dressing mit etwas mit Salz, Pfeffer und Paprikapulver abschmecken.
4. Die Kichererbsen in ein Sieb abgießen und abtropfen lassen, dann in eine Schüssel geben.
5. Die Nudeln in das Sieb abgießen und mit kaltem Wasser abspülen, bis sie abgekühlt sind. Die Nudeln dann zu den Kichererbsen geben. Das Käsedressing darübergeben und alles vermischen.
6. Die Eier kalt abschrecken und schälen, in Spalten schneiden und zum Salat geben. Den Salat zum Schluss noch einmal mit etwas Salz, Pfeffer und Paprikapulver abschmecken.

VARIANTE

Wenn Sie noch frischen oder tiefgefrorenen Schnittlauch zur Verfügung haben, streuen Sie einige Röllchen auf den Salat. Auch andere Kräuter wie Petersilie oder Basilikum passen. Ihr Vorrat entscheidet.

TIPPS

- Nudeln und Käse werden oft und gern zum Salat kombiniert. Dieser Nudelsalat kommt einmal anders daher: mit einem aus Schmelzkäse gemixten Käsedressing.
- Die Nudeln nach dem Abgießen nicht nur kurz abbrausen, sondern so lange mit kaltem Wasser abbrausen, bis sie komplett abgekühlt sind. Nur so garen sie im Salat nicht weiter und werden nicht zu weich.

TAG
14

MAHLZEIT 1

Tomatencremesuppe mit Pfifferlingen

FÜR 1 PORTION

1 Dose gehackte Tomaten (400 g)
1 Ecke Schmelzkäse (ca. 30 g)
Salz, Pfeffer
1 EL Olivenöl
50 g magere Schinkenwürfel
1 kleines Glas Pfifferlinge (ca. 100 g Abtropfgewicht)
20 g getrocknete Cranberrys
½ TL getrockneter Thymian
2 EL geröstete gesalzene Cashew- oder Erdnusskerne

Zubereitungszeit: ca. 20 Minuten
Nährwerte: ca. 585 Kalorien

ZUBEREITUNG

1. Die Tomaten und den Schmelzkäse in einen Topf geben und unter Rühren zum Kochen bringen. Dann in einen hohen Rührbecher geben, mit einem Pürierstab pürieren und zurück in den Topf gießen. Die Suppe mit Salz und Pfeffer abschmecken und bei schwacher Hitze köcheln lassen.
2. Das Öl in einer kleinen Pfanne erhitzen, die Schinkenwürfel darin kurz anbraten. Die Pfifferlinge in einem Sieb gut abtropfen lassen und zu den Schinkenwürfeln geben. Die getrockneten Cranberrys ebenfalls dazugeben. Alles mit etwas Salz, Pfeffer sowie dem Thymian würzen und bei starker Hitze 1–2 Minuten unter Rühren braten.
3. Die Suppe in einen tiefen Teller geben, die Pfifferlinge dazugeben. Die Cashew- oder Erdnusskerne ggf. grob hacken und obenauf streuen.

VARIANTEN

- Statt der gerösteten Cashew- oder Erdnusskerne können Sie auch gern Mandeln hacken und auf die Suppe streuen. Wenn Sie sie in einer kleinen Pfanne anrösten, bekommen Sie ein noch feineres Aroma.
- Chili-Liebhaber würzen die Suppe sicher gern mit Tabasco oder Chiliflocken aus ihrem Vorrat.

TIPP

Die Packungen und Dosen aus dem Notfall-Vorrat sind beinahe alle aufgebraucht. Die letzte Schmelzkäse-Ecke macht die Suppe wunderbar cremig und die übrigen Schinkenwürfel sorgen für viel Geschmack.

Corned Beef mit Kidneybohnen

FÜR 1 PORTION

2 TL Olivenöl
½ Glas Corned Beef (200 g Inhalt; also nur 100 g bei diesem Rezept verwenden)
1 kleine Dose Kidneybohnen (ca. 125 g Abtropfgewicht)
2 TL Kapern
½ TL getrocknete Kräuter der Provence
Salz, Pfeffer
20 g Mandeln
½ Beutel Kartoffelpüree für 2 Portionen (nur 1 Portion zubereiten)
1 Ei

Zubereitungszeit: ca. 20 Minuten
Nährwerte: ca. 690 Kalorien

ZUBEREITUNG

1. 1 TL Öl in einem kleinen Topf erhitzen, das Corned Beef darin bei starker Hitze 1 Minute braten. Die Kidneybohnen mit dem Sud aus der Dose dazugeben, alles mit Kapern, getrockneten Kräutern der Provence sowie mit Salz und Pfeffer würzen und bei schwacher Hitze ca. 5 Minuten köcheln lassen.
2. Inzwischen die Mandeln grob hacken und in einem Topf bei starker Hitze rösten, bis sie angenehm duften. Den Topf von der Kochstelle nehmen.
3. Etwa 175 ml Wasser (bitte die genaue Menge der Packungsanweisung des Pürees entnehmen) in den Topf zu den Mandeln gießen. Das Wasser zum Kochen bringen, das Püreepulver einrühren und dieses mit etwas Salz und Pfeffer abschmecken.
4. Das restliche Öl in einer kleinen Pfanne erhitzen, das Ei aufschlagen, in die Pfanne gleiten lassen und zum Spiegelei braten (siehe Tipps), dabei leicht salzen.
5. Das Mandel-Kartoffelpüree zusammen mit dem Corned Beef samt Kidneybohnen auf einen Teller geben, das Spiegelei dazugeben.

TIPPS

- Wer Hamburger Spezialitäten kennt, erinnert sich vielleicht an eine sehr ähnliche Kreation. Im Norden wird Kartoffelpüree mit Corned Beef kombiniert, hinzu kommen Rote Bete und Hering und gekrönt wird alles mit einem Spiegelei.
- Das Ei ist nach den zwei Wochen vollkommen in Ordnung, aber natürlich nicht mehr ganz frisch. Sie sollten es also recht stark durchgaren.

Aus dem Vorrat kochen – wenn Strom und Wasser streiken

Ein fast unvorstellbares Szenario: kein Strom. Weder Herd noch Kühlschrank funktionieren und auch der Wasserhahn bleibt trocken. Sollte diese Situation Wirklichkeit werden, muss mit den Vorräten ganz besonders sorgsam umgegangen werden. Wie in den folgenden 28 Rezepten, die allesamt auf einem Campingkocher oder Grill gekocht werden können und die extrem wenig Wasser erfordern.

Ihre Rezeptliste für 14 Tage

Diese 28 Rezepte bringen in zwei Wochen mittags und abends Abwechslung auf den Teller. Gekocht wird auf einem kleinen Campingkocher oder Grill. Der Vorrat an Gas ist beschränkt, der Brennstoff wird so sparsam wie möglich verwendet. Die Kochzeiten bei den Rezepten in diesem Kapitel sind deshalb kurz. Zudem wird nicht mit mehreren Töpfen und Pfannen gleichzeitig hantiert, damit kostbare Energie nicht verloren geht.

Kein Strom bedeutet auch, dass der Kühlschrank nicht mehr für Kälte und damit bessere Lagerfähigkeit von Lebensmitteln sorgt. Selbst wenn die Vorratslebensmittel in verschlossenen Packungen sehr lang haltbar sind, muss der Inhalt einer einmal geöffneten Packung rasch verbraucht werden.

WOCHE 1	
Tag 1	One-Pot-Tomatenpasta Honig-Couscous mit Mandarinen
Tag 2	Rote-Bete-Carpaccio Hering mit Bohnen und Kapern-Püree
Tag 3	Nordsee-Wraps Käse-Schinken-Capellini
Tag 4	Schinken-Quesadilla Käse-Mais-Suppe
Tag 5	Käse-Eier mit Knusperecken Rote Pesto-Nudeln
Tag 6	Fruchtiger Couscous-Salat Cremige Polenta mit Pfifferlingen
Tag 7	Pesto-Püree mit Kraut Nudeln mit Corned Beef

Es kommt bei diesem Notfall-Plan also vor, dass eine Zutat (z. B. geriebener Käse) an zwei oder drei aufeinanderfolgenden Tagen in Rezepten eingesetzt wird, damit nichts verdirbt.
Kein Strom bedeutet außerdem, dass kein Wasser aus dem Hahn fließt. Das gewohnte tägliche Nass wird plötzlich zu einem kostbaren Gut. Möglichst wenig davon wird in diesem Kapitel für die Zubereitung der Lebensmittel verwendet. Beispielsweise kochen Nudeln nicht in viel sprudelndem Wasser, sondern garen in der gerade eben benötigten Flüssigkeitsmenge als One-Pot-Pasta. Auch wird der Sud aus Gemüsedosen stets mitverwendet. Der Wassermangel hat unter einem weiteren Aspekt die Rezeptauswahl beeinflusst: Nach dem Kochen und Essen soll möglichst wenig Geschirr gespült werden.

WOCHE 2	
Tag 8	Hamburger Pfannkuchen Asia-Tomatensuppe
Tag 9	Reis süß-sauer Süße Ananas-Polenta
Tag 10	Capellini mexikanische Art Curryfladen mit Rührei
Tag 11	Kaminwurzen mit Gemüse-Püree Couscous mit Kichererbsen
Tag 12	Eier im Tomatenbett Südtiroler Nudeln (mit Kaminwurzen)
Tag 13	Cranberry-Reis mit Kirschen Thymian-Polenta mit Thunfisch
Tag 14	Hähnchen mit Kartoffelpüree Pilz-Nudeln mit Ei

Der Verbrauch der Zutaten unserer Notfall-Liste in den zwei Wochen

Die Tabelle zeigt Ihnen detailliert, an welchem Tag und für welche Mahlzeit Sie die Zutaten aus dem Vorrat verbrauchen.

ZUTAT	MENGE	GERICHT	TAG	MENGE	REST
Obst & Gemüse					
Zwiebeln (eher kleine Exemplare)	1 kg	One-Pot-Tomatenpasta	1	1	
		Rote-Bete-Carpaccio	2	1	
		Schinken-Quesadilla	4	1	
		Käse-Mais-Suppe	4	1	
		Nudeln mit Corned Beef	7	1	
		Hamburger Pfannkuchen	8	½	
		Asia-Tomatensuppe	8	½	
		Reis süß-sauer	9	1	
		Capellini mexikanische Art	10	1	
		Kaminwurzen mit Püree	11	1	
		Eier im Tomatenbett	12	2	
		Südtiroler Nudeln	12	1	
		Pilz-Nudeln mit Ei	14	1	
Milch & Milchprodukte & Eier					
H-Milch (Tetrapack; je 500 ml)	2	Honig-Couscous mit Mandarinen	1	250 ml	750 ml
		Käse-Mais-Suppe	4	250 ml	500 ml
		Cranberry-Reis mit Kirschen	13	125 ml	375 ml
		Thymian-Polenta mit Thunfisch	13	250 ml	125 ml
		Hähnchen mit Kartoffelpüree	14	125 ml	0
Feta (kleine Pck.; 150 g)	1	One-Pot-Tomatenpasta	1	50 g	100 g
		Rote-Bete-Carpaccio	2	100 g	0
Schmelzkäse (Pck. mit 8 Ecken à ca. 30 g = 250 g; ohne Kühlung haltbar)	1	Nordsee-Wraps	3	2 Ecken	6
		Käse-Schinken-Capellini	3	2 Ecken	4
		Käse-Mais-Suppe	4	2 Ecken	2
		Cremige Polenta mit Pfifferlingen	6	2 Ecken	0

ZUTAT	MENGE	GERICHT	TAG	MENGE	REST
geriebener Käse (kleine Tüte mit 150 g)	1	Schinken-Quesadilla Käse-Eier mit Knusperecken Cremige Polenta mit Pfifferlingen	4 5 6	50 g 50 g 50 g	100 g 50 g 0
Eier (Karton mit 10 Stück)	1	Käse-Eier mit Knusperecken Hamburger Pfannkuchen Curryfladen mit Rührei Eier im Tomatenbett Pilz-Nudeln mit Ei	5 8 10 12 14	2 Stück 1 Stück 3 Stück 2 Stück 2 Stück	8 7 4 2 0
Nudeln, Kartoffeln, Reis etc.					
Nudeln (Pck. mit 500 g; z.B. Girandole mit nur 6 Min. Kochzeit)	1	One-Pot-Tomatenpasta Nudeln mit Corned Beef Südtiroler Nudeln Pilz-Nudeln mit Ei	1 7 12 14	100 g 100 g 80 g 80 g	400 g 300 g 220 g 140 g
Capellini (= dünne lange Nudeln; Pck. mit 500 g; mit nur 3 Min. Kochzeit)	1	Käse-Schinken-Capellini Rote Pesto-Nudeln Capellini mexikanische Art	3 5 10	125 g 100 g 100 g	375 g 275 g 175 g
Couscous (Pck. mit 500 g)	½	Honig-Couscous mit Mandarinen Fruchtiger Couscous-Salat Couscous mit Kichererbsen	1 6 11	100 g 75 g 60 g	150 g 75 g 15 g
Polenta (= Maisgrieß; Pck. mit 500 g)	½	Cremige Polenta mit Pfifferlingen Süße Ananas-Polenta Thymian-Polenta mit Thunfisch	6 9 13	75 g 50 g 60 g	175 g 125 g 65 g
Express-Reis (Pck. mit 250 g)	2	Asia-Tomatensuppe Reis süß-sauer Eier im Tomatenbett Cranberry-Reis mit Kirschen	8 9 12 13	⅓ Pck. ⅔ ⅓ ⅔	1 ⅔ 1 ⅔ 0
Kartoffelpüree (Pck. mit 2×2 Portionen)	1	Hering mit Bohnen und Püree Pesto-Püree mit Kraut Kaminwurzen mit Gemüse-Püree Hähnchen mit Kartoffelpüree	2 7 11 14	1 Portion 1 Portion 1 Portion 1 Portion	3 2 1 0
Weizen-Tortilla-fladen (ø 20 cm; Pck. mit 6 Stück à ca. 40 g)		Nordsee-Wraps Schinken-Quesadilla Käse-Eier mit Knusperecken	3 4 5	2 Stück 2 Stück 2 Stück	4 2 0

ZUTAT	MENGE	GERICHT	TAG	MENGE	REST
Konserven					
gehackte Tomaten (Dose mit 400 g)	3	One-Pot-Tomatenpasta Asia-Tomatensuppe Eier im Tomatenbett Thymian-Polenta mit Thunfisch	1 8 12 13	1 Dose 1 Dose ½ Dose ½ Dose	2 1 ½ 0
getrocknete Tomaten in Öl (Glas; ca. 280 g Inhalt)	1	Nordsee-Wraps Fruchtiger Couscous-Salat Couscous mit Kichererbsen Eier im Tomatenbett Thymian-Polenta mit Thunfisch	3 6 11 12 13	4 Stück 4 Stück 4 Stück 4 Stück 4 Stück	 0
Kapern (kleines Glas; ca. 60 g Abtropfgewicht)	1	Hering mit Bohnen und Püree Nordsee-Wraps Pesto-Püree mit Kraut	2 3 7	2 TL 2 TL 3–4 TL	 0
weiße Bohnenkerne (kleines Glas; ca. 130 g Abtropfgewicht)	1	Hering mit Bohnen und Püree	2	1 Glas	0
Kidneybohnen (kl. Dose; ca. 125 g Abtropfgewicht)	2	Rote Pesto-Nudeln Capellini mexikanische Art	5 10	1 Dose 1 Dose	1 0
Erbsen (kleine Dose; ca. 140 g Abtropfgewicht)	2	Nordsee-Wraps Käse-Schinken-Capellini Hamburger Pfannkuchen	3 3 8	½ Dose ½ Dose 1 Dose	1 ½ 1 0
Erbsen mit Möhren (kleine Dose; ca. 130 g Abtropfgewicht)	1	Kaminwurzen mit Gemüse-Püree	11	1 Dose	0
Kichererbsen (kl. Dose; ca. 130 g Abtropfgewicht)	2	Curryfladen mit Rührei Couscous mit Kichererbsen	10 11	1 Dose 1 Dose	1 0
Maiskörner (kl. Dose; ca. 140 g Abtropfgewicht)	3	Käse-Mais-Suppe Capellini mexikanische Art Südtiroler Nudeln	4 10 12	1 Dose 1 Dose 1 Dose	2 1 0
Sauerkraut (kleine Dose; ca. 285 g Abtropfgewicht)	1	Pesto-Püree mit Kraut	7	1 Dose	0

ZUTAT	MENGE	GERICHT	TAG	MENGE	REST
Pfifferlinge (kleines Glas; ca. 100 g Abtropfgewicht)	1	Cremige Polenta mit Pfifferlingen	6	1 Glas	0
Champignons (kleine Dose; ca. 170 g Abtropfgewicht)	1	Pilz-Nudeln mit Ei	14	1 Dose	0
Sojabohnenkeime (kleines Glas; ca. 160 g Abtropfgewicht)	1	Asia-Tomatensuppe Reis süß-sauer	8 9	⅓ Glas ⅔ Glas	⅔ 0
Sauerkirschen (kl. Glas; ca. 185 g Abtropfgewicht)	1	Cranberry-Reis mit Kirschen	13	1 Glas	0
Ananas (Scheiben) (kl. Dose; ca. 140 g Abtropfgewicht)	1	Reis süß-sauer Süße Ananas-Polenta	9 9	½ Dose ½ Dose	½ 0
Mandarinen (kl. Dose; ca. 175 g Abtropfgewicht)	1	Honig-Couscous mit Mandarinen	1	1 Dose	0
Fleisch & Fisch					
luftgetrocknete Hartwurst (z.B. Kaminwurzen als kl. Pck. mit 8 Stk. = 150 g)	1	Kaminwurzen mit Gemüse-Püree Südtiroler Nudeln	11 12	4 Stück 4 Stück	4 0
rohe Schinkenwürfel (mager) (Pck. mit 3 à 50 g)	1	Käse-Schinken-Capellini Schinken-Quesadillas Käse-Mais-Suppe Käse-Eier mit Knusperecken Cremige Polenta	3 4 4 5 6	25 g 25 g 50 g 25 g 25 g	125 g 100 g 50 g 25 g 0
Corned Beef (Glas; ca. 200 g Inhalt)	1	Nudeln mit Corned Beef Hamburger Pfannkuchen	7 8	½ Glas ½ Glas	100 g 0

ZUTAT	MENGE	GERICHT	TAG	MENGE	REST
Hähnchenfleisch im eigenen Saft (Dose; ca. 300 g Inhalt)	1	Hähnchen mit Kartoffelpüree	14	1 Dose	0
Thunfisch im eigenen Saft (kl. Dose; ca. 56 g Abtropfgewicht)	1	Thymian-Polenta mit Thunfisch	13	1 Dose	0
Heringsfilets in Tomatensauce (Dose; ca. 200 g Inhalt)	1	Hering mit Bohnen und Püree Nordsee-Wraps	2 3	½ Dose ½ Dose	½ 0
Sonstiges					
gekochte Rote Beten (im Folienbeutel; ca. 500 g Inhalt)	1	Rote-Bete-Carpaccio Hering mit Bohnen und Püree	2 2	350 g 150 g	150 g 0
Pesto rosso (Glas; ca. 200 g Inhalt)	1	Schinken-Quesadilla Rote Pesto-Nudeln Pesto-Püree mit Kraut	4 5 7	40 g 60 g 100 g	160 g 100 g 0
getrocknete Cranberrys (Pck.; ca. 200 g Inhalt)	1	Fruchtiger Couscous-Salat Couscous mit Kichererbsen Cranberry-Reis mit Kirschen	6 11 13	30 g 20 g 30 g	170 g 150 g 120 g
Mandeln (Pck.; ca. 200 g Inhalt)	1	Honig-Couscous mit Orange Fruchtiger Couscous-Salat Süße Ananas-Polenta Kaminwurzen mit Püree Couscous mit Kichererbsen Eier im Tomatenbett	1 6 9 11 11 12	25 g 20 g 20 g 30 g 20 g 30 g	175 g 155 g 135 g 105 g 85 g 55 g
geröstete Cashew- oder Erdnusskerne (Pck.; ca. 150 g Inhalt)	½	Asia-Tomatensuppe Reis süß-sauer	8 9	1–2 EL 2 EL	

ZUTAT	MENGE	GERICHT	TAG	MENGE	REST
Hafercreme (Tetrapack; ca. 250 ml Inhalt)	1	Nudeln mit Corned Beef Hamburger Pfannkuchen	7 8	½ Pck. ½ Pck.	125 ml 0
Kokosmilch (kleines Tetrapack; ca. 200 ml Inhalt)	1	Süße Ananas-Polenta	9	1 Pck.	0

TAG
01

MAHLZEIT 1

One-Pot-Tomatenpasta

FÜR 1 PORTION

1 Zwiebel
1 Knoblauchzehe (nach Belieben)
1 EL Olivenöl
1 Dose gehackte Tomaten (400 g)
100 ml Wasser
100 g Nudeln (Hartweizen, z.B. Girandole; Kochzeit: ca. 6 Min.)
1 TL getrockneter Thymian
Salz, Pfeffer
50 g Feta

Zubereitungszeit:
ca. 15 Minuten
Nährwerte: ca. 700 Kalorien

ZUBEREITUNG

1. Die Zwiebel schälen und in kleine Würfel schneiden. Den Knoblauch schälen und ebenfalls in Würfel schneiden.
2. Das Olivenöl in einem Topf erhitzen, Zwiebel- und Knoblauchwürfel darin rundherum goldbraun anbraten.
3. Gehackte Tomaten und Wasser dazugeben und aufkochen.
4. Nudeln, getrockneten Thymian sowie etwas Salz und Pfeffer zugeben, aufkochen und offen unter ständigem Rühren ca. 6 Minuten köcheln lassen. Sollte die Mischung zu trocken werden, löffelweise weiteres Wasser zugeben.
5. Die Nudeln abschmecken und den Feta darüberbröckeln.

TIPPS

- Bei One-Pot-Pasta ist die verwendete Nudelsorte sehr wichtig. Wenn Sie andere Nudeln im Vorrat haben, müssen Sie evtl. die Garzeit und dabei dann auch die Flüssigkeitsmenge anpassen. Geben Sie löffelweise Wasser beim Garen dazu, wenn die Mischung zu trocken wird.
- Den restlichen Feta gut verpackt beiseitelegen – am besten an einen kühlen Ort. Er wird an Tag 2 verarbeitet.

VARIANTE

Haben Sie Oliven im Vorrat? Ein paar davon klein schneiden und über die Nudeln verteilen.

Honig-Couscous mit Mandarinen

FÜR 1 PORTION

25 g ungeschälte Mandeln (siehe Tipps)
1 kleine Dose Mandarinen (ca. 175 g Abtropfgewicht; siehe Tipps)
250 ml Milch
100 g Couscous
2 EL Honig

Zubereitungszeit:
15 Minuten
Nährwerte: ca. 750 Kalorien

ZUBEREITUNG

1. Die Mandeln grob hacken. Die Mandarinen in einem Sieb über einer Schüssel abtropfen lassen.
2. Die Milch in einem Topf aufkochen, Couscous und 1 EL Honig einrühren, einmal aufkochen und dann ohne weitere Hitzezufuhr ca. 5 Minuten quellen lassen.
3. Couscous und Mandarinen auf einen Teller geben, restlichen Honig und gehackte Mandeln darüber verteilen.

TIPPS

- Sie können die gehackten Mandeln anfangs kurz in dem Topf rösten und wieder herausnehmen. So schmecken sie ganz besonders intensiv. Andererseits soll ja mit der Energie sparsam umgegangen werden.
- Den Mandarinensaft auffangen und mit Mineralwasser gemischt trinken.

VARIANTEN

- Statt Honig können Sie auch andere Süßungsmittel aus Ihrem Vorrat nehmen. Gut passen beispielsweise auch Ahornsirup oder Apfeldicksaft – beide punkten durch viel Aroma.
- Wenn Sie ein oder zwei frische Orangen im Vorrat haben, verwenden Sie diese anstelle der Mandarinen.

TAG
02

MAHLZEIT 1

Rote-Bete-Carpaccio

FÜR 1 PORTION

350 g gekochte Rote Beten
1 Zwiebel
3 EL Balsamico
1 EL Honig
1 EL Olivenöl
Salz, Pfeffer
100 g Feta
ggf. einige Basilikumblättchen (falls vorhanden)

Zubereitungszeit: ca. 10 Minuten
Nährwerte: ca. 750 Kalorien

ZUBEREITUNG

1. Die gekochten Rote Beten in dünne Scheiben schneiden (siehe Tipp) und überlappend auf einem Teller auslegen.
2. Die Zwiebel schälen und in dünne Scheiben schneiden, die Scheiben in einzelne Ringe teilen und auf die Rote Beten streuen.
3. In einem Schälchen den Balsamico mit Honig, Olivenöl, Salz und Pfeffer verquirlen, die Marinade über die Rote Beten verteilen. (Um Geschirr zu sparen, können Sie auch die Zutaten nacheinander direkt über die Roten Beten träufeln.)
4. Den Feta über die anderen Zutaten bröckeln, ggf. einige Basilikumblättchen waschen, abtrocknen und darüberstreuen.

TIPPS

- Tragen Sie beim Schneiden von Roter Bete stets Küchenhandschuhe – die Knollen färben stark. Oder halten Sie die Knolle mit einer Gabel und zerkleinern sie dann.
- Die restliche Rote Bete zugedeckt bis zum Abend beiseitestellen – am besten an einem kühlen Ort.

VARIANTE

Statt mit Honig können Sie die Roten Beten auch mit Apfeldicksaft oder Ahornsirup süßen. Der erdige Geschmack bekommt dadurch einen wunderbaren geschmacklichen Gegenspieler.

MAHLZEIT 2

Hering mit Bohnen und Kapernpüree

FÜR 1 PORTION

ca. 175 ml Wasser (siehe Tipps)
½ Beutel Kartoffelpüree für 2 Portionen (nur 1 Portion zubereiten)
2 TL kleine Kapern (ca. 15 g)
1 kleines Glas weiße Bohnenkerne (130 g Abtropfgewicht)
Salz, Pfeffer
½ TL getrockneter Thymian
½ Dose Heringsfilets in Tomatensauce (200 g Inhalt; also ca. 100 g bei diesem Rezept verwenden)
150 g gekochte Rote Bete (der Rest vom Mittagessen)
1 EL Olivenöl
ggf. frische Thymianblättchen (falls vorhanden)

Zubereitungszeit: ca. 15 Minuten
Nährwerte: ca. 630 Kalorien

ZUBEREITUNG

1. In einem kleinen Topf Wasser (Menge wie auf der Püreepackung für 1 Portion angegeben) aufkochen. In eine Schüssel umfüllen, Püreepulver und Kapern einrühren und das Püree beiseitestellen.
2. Die Bohnenkerne mit dem Sud aus dem Glas in den kleinen Topf geben, einmal aufkochen und mit Salz, Pfeffer und getrocknetem Thymian würzen.
3. Das Kartoffelpüree abschmecken und zusammen mit den Bohnen und den Heringsfilets samt Tomatensauce anrichten. Die Rote Bete klein schneiden und dazugeben. Das Olivenöl über Püree und Bohnen träufeln. Falls vorhanden, mit einigen Thymianblättchen bestreuen.

VARIANTEN

- Statt mit Wasser können Sie das Püree auch mit Milch oder Gemüsesaft zubereiten, beispielsweise mit Tomatensaft.
- Heringsfilets können Sie gut durch Thunfisch ersetzen.

TIPPS

- Den restlichen Hering zugedeckt beiseitestellen, er wird an Tag 3 zu leckeren Wraps verarbeitet.
- Kartoffelpüree gibt es in sehr vielen Varianten. Beachten Sie die Packungsanweisung für die Zubereitung; die benötigte Wassermenge kann variieren.

TAG
03

MAHLZEIT 1

Nordsee-Wraps

FÜR 1 PORTION

2 Weizen-Tortillafladen (20 cm Durchmesser; je ca. 40 g)
2 Ecken Schmelzkäse (je ca. 30 g)
½ Dose Heringsfilets in Tomatensauce (200 g Inhalt; also ca. 100 g bei diesem Rezept verwenden)
½ kleine Dose junge Erbsen (140 g Abtropfgewicht; also ca. 70 g bei diesem Rezept verwenden)
2 TL kleine Kapern (ca. 15 g)
4 getrocknete Tomaten in Öl

Zubereitungszeit: ca. 10 Minuten
Nährwerte: ca. 750 Kalorien

ZUBEREITUNG

1. Die Tortillafladen ausbreiten und den Schmelzkäse gleichmäßig in der Mitte aufstreichen.
2. Die Heringsfilets mitsamt der Tomatensauce in der Mitte der Fladen verteilen, dabei rundum einen ca. 3 cm breiten Rand frei lassen.
3. Erbsen und Kapern gut abtropfen lassen und nacheinander auf dem Hering verteilen.
4. Die getrockneten Tomaten in schmale Streifen schneiden oder klein würfeln und auf die Füllung geben. Die Fladen zu Wraps aufrollen, dabei eine Seite nach innen einklappen.

TIPPS

- Die Packung mit den Tortillafladen nur an einer Seite öffnen, damit sie später wieder gut verschlossen werden kann. So verpackt, trocknen die Fladen nicht aus.
- Die übrigen Erbsen mit dem Sud aus der Dose möglichst in eine Tasse umfüllen und zugedeckt beiseitestellen. Sie werden am Abend verarbeitet.

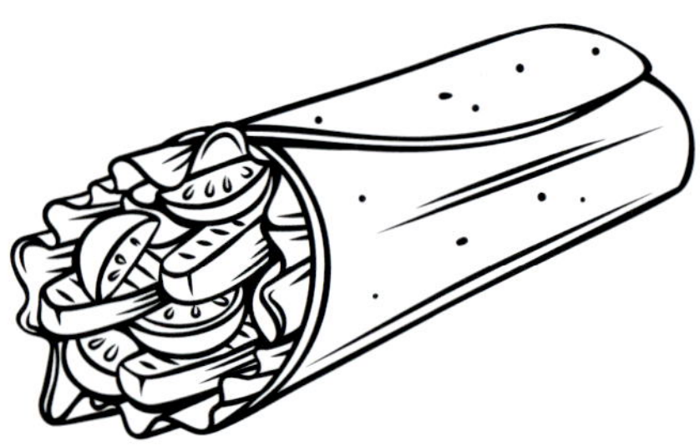

VARIANTEN

- Statt mit Heringsfilets die Wraps mit gut abgetropftem Thunfisch füllen.
- Haben Sie (noch) Salatblätter zur Verfügung, je eines mit in die Füllung geben.
Tipp: Eisbergsalat bleibt am längsten frisch.
- Statt Schmelzkäse passt auch Frischkäse, vielleicht haben Sie den ja ohnehin fürs Frühstück im Vorrat.

Käse-Schinken-Capellini

FÜR 1 PORTION

250 ml Wasser
½ TL Instant-Brühe
1 TL getrocknete Kräuter der Provence (siehe Tipps)
125 g Capellini (siehe Tipps)
½ kleine Dose junge Erbsen (140 g Abtropfgewicht; also ca. 70 g bei diesem Rezept verwenden)
2 Ecken Schmelzkäse (je ca. 30 g)
25 g magere rohe Schinkenwürfel
Salz, Pfeffer

Zubereitungszeit:
ca. 10 Minuten
Nährwerte: ca. 700 Kalorien

ZUBEREITUNG

1. Das Wasser mit der Instant-Brühe und Kräutern der Provence in einem Topf zum Kochen bringen.
2. Die Capellini einmal in der Mitte durchbrechen, in das Wasser geben und bei mittlerer Hitze ca. 3–4 Minuten bissfest garen. Dabei sollten Sie ständig rühren, damit die Nudeln gleichmäßig garen und nichts anbrennt. Geben Sie löffelweise Wasser dazu, wenn die Mischung zu trocken wird.
3. Erbsen, Schmelzkäse und Schinkenwürfel unter die gerade eben bissfest gegarten Nudeln rühren und alles noch kurz zusammen erhitzen.
4. Die Nudeln mit etwas Salz und Pfeffer abschmecken, auf einen Teller umfüllen und mit etwas Pfeffer toppen.

VARIANTEN

- Wenn Sie andere Nudeln, etwa Spaghetti, im Vorrat haben, müssen Sie etwas mehr Wasser verwenden und die Garzeit verlängern. Beachten Sie dann die Packungsanweisung.
- Statt Kräutern der Provence passt auch getrockneter Thymian wunderbar.

TIPPS

- Capellini sind dünne Spaghetti und haben eine Kochzeit von nur 3 Minuten. Sie sind also blitzschnell gar und deshalb beste Wahl für einen Notfall-Vorrat.
- Der Schmelzkäse ist ohne Kühlung lang haltbar. Ist die Packung jedoch erst einmal geöffnet, muss der Käse (ohne Kühlung) innerhalb von zwei bis drei Tagen aufgegessen werden. Gleiches gilt für die Schinkenwürfelchen.

MAHLZEIT 1

Schinken-Quesadilla

FÜR 1 PORTION

1 Zwiebel
1 EL Olivenöl
25 g magere rohe Schinkenwürfel
1 TL getrockneter Thymian
Salz, Pfeffer
2 Weizen-Tortillafladen (20 cm Durchmesser; je ca. 40 g)
2 gehäufte TL Pesto rosso (aus dem Glas; ca. 40 g)
50 g geriebener Käse

Zubereitungszeit: ca. 15 Minuten
Nährwerte: ca. 790 Kalorien

VARIANTEN

- Anstelle von Schinken abgetropften Mais aus der Dose oder in feine Streifen geschnittene getrocknete Tomaten verwenden.
- Falls frische Kräuter zur Verfügung stehen, einige Blättchen Basilikum oder Thymian mit einbacken.

ZUBEREITUNG

1. Die Zwiebel schälen und in kleine Würfel schneiden. 1 TL Olivenöl in einer Pfanne (groß genug für die Fladen) erhitzen, die Zwiebelwürfel darin bei mittlerer bis starker Hitze ca. 1 Minute anbraten.
2. Schinkenwürfel und Thymian dazugeben, alles mit etwas Salz und Pfeffer würzen.
3. Einen Tortillafladen flach ausbreiten und mit dem Pesto bestreichen. Die Schinkenmischung und den Käse darüber verteilen, mit dem anderen Fladen abdecken und diesen leicht andrücken.
4. Das restliche Öl in der Pfanne erhitzen. Die Quesadilla hineinlegen und bei mittlerer Hitze ca. 1 Minute braten, dabei die Ränder mit einem Löffelrücken flach drücken. Die Quesadilla dann vorsichtig wenden und noch 1 Minute braten, dann servieren.

TIPPS

- Die Oberfläche des verbliebenen Pestos mit einem Teelöffel glätten und den Glasrand mit einem Küchentuch gründlich reinigen. Etwas Öl auf die Pesto-Oberfläche geben und das Glas fest verschließen. So geschützt, hält sich das Pesto auch ohne Kühlung ein paar Tage.
- Tortillafladen gibt es in unterschiedlichen Größen und Geschmacksrichtungen. Für unsere Notfall-Küche verwenden wir kleine Fladen mit einem Durchmesser von nur 20 cm, damit der Packungsinhalt nicht zu groß und eine Mahlzeit nicht zu üppig wird.
- Geriebener Käse ist, gekühlt aufbewahrt, lang haltbar. Ohne Kühlung jedoch muss er rasch verbraucht werden, der übrige Käse aus der Packung wird deshalb innerhalb der nächsten beiden Tage verarbeitet.

Käse-Mais-Suppe

FÜR 1 PORTION

1 Zwiebel
1 Knoblauchzehe (nach Belieben)
1 TL Olivenöl
1 EL Mehl
250 ml Milch
2 Ecken Schmelzkäse (à ca. 30 g)
1 kleine Dose Maiskörner (140 g Abtropfgewicht)
50 g magere Schinkenwürfel
Pfeffer
edelsüßes Paprikapulver (nach Belieben)

Zubereitungszeit: ca. 10 Minuten
Nährwerte: ca. 695 Kalorien

ZUBEREITUNG

1. Die Zwiebel und, falls verwendet, den Knoblauch schälen und in feine Würfel schneiden. Das Öl in einem kleinen Topf erhitzen, die Zwiebel und den Knoblauch darin bei mittlerer Hitze kurz anbraten.
2. Das Mehl darüberstreuen und unter Rühren anschwitzen, dann unter ständigem Rühren die Milch angießen. Die Suppe aufkochen lassen.
3. Den Schmelzkäse dazugeben und unter Rühren schmelzen lassen, dann Mais und Schinken einrühren. Die Suppe mit Pfeffer und nach Belieben mit Paprikapulver abschmecken.

VARIANTEN

- Sie haben frische Kräuter auf dem Balkon? Einige Schnittlauchröllchen oder etwas fein geschnittenes Basilikum passen bestens als Topping.
- Milch können Sie sehr gut durch jeden Pflanzendrink ersetzen.
- Die Schinkenwürfel sind bereits verbraucht? Streuen Sie einige gehackte Mandeln auf die Suppe.

TIPP

Das Mehl nicht zu dunkel werden lassen, sonst schmeckt die Suppe später bitter. Eine goldgelbe Farbe ist genau richtig.

MAHLZEIT 1

Käse-Eier mit Knusperecken

FÜR 1 PORTION

2 Weizen-Tortillafladen (20 cm Durchmesser; je ca. 40 g)
1 EL Olivenöl
2 Eier
50 g geriebener Käse
25 g magere Schinkenwürfel
Salz, Pfeffer
edelsüßes Paprikapulver

Zubereitungszeit: ca. 10 Minuten
Nährwerte: ca. 775 Kalorien

TIPP

Die Packung mit dem Käse wieder gut verschließen – der Rest verleiht an Tag 6 der cremigen Polenta viel Geschmack.

ZUBEREITUNG

1. Die Tortillafladen in einer ausreichend großen Pfanne nacheinander von jeder Seite 1 Minute rösten. Aus der Pfanne nehmen und die Fladen vierteln oder achteln.
2. Das Olivenöl in der Pfanne erhitzen. Die Eier aufschlagen und hineingleiten lassen. Wenn das Eiweiß ein wenig gestockt ist, Käse und Schinkenwürfel darüberstreuen, alles mit etwas Salz, Pfeffer und Paprikapulver würzen und die Eier (am besten zugedeckt) ganz stocken lassen. Zusammen mit den Tortillaecken servieren.

VARIANTEN

- Statt Schinken klein geschnittene Salami oder gehackte Mandeln zu den Eiern geben. Auch Thunfisch oder anderer eingelegter Fisch passt gut. Durchforsten Sie Ihren Vorrat, was er so bietet.
- Die Fladen mit 1–2 TL Zucker bestreuen, wenn sie gebacken werden. Der Zucker karamellisiert, die Fladen werden noch knuspriger. Aber Achtung – der Zucker kann auch schnell verbrennen und dann bitter schmecken.
- Frische Kräuter zur Verfügung? Gut passen Thymian oder Schnittlauch.

Rote Pesto-Nudeln

FÜR 1 PORTION

200 ml Wasser
½ TL Instant-Brühe
100 g Capellini
1 kleine Dose Kidneybohnen (ca. 125 g Abtropfgewicht)
3 gehäufte TL Pesto rosso (aus dem Glas; ca. 60 g)
Salz, Pfeffer

Zubereitungszeit: ca. 10 Minuten
Nährwerte: ca. 755 Kalorien

ZUBEREITUNG

1. Das Wasser und die Instant-Brühe in einem kleinen Topf zum Kochen bringen.
2. Die Capellini einmal durchbrechen, in das Wasser geben und bei mittlerer Hitze unter ständigem Rühren ca. 3 Minuten bissfest garen.
3. Die Kidneybohnen und das Pesto rosso zu den Nudeln geben, alles verrühren und mit etwas Salz und Pfeffer abschmecken.

VARIANTEN

- Sollten Sie noch etwas Parmesan im Vorrat haben, können Sie ein wenig davon über die Nudeln streuen.
- Sind frische Kräuter vorhanden? Einige Blättchen Basilikum in feine Streifen schneiden und darübergeben.

TIPP

Auch heute den Rand beim Pesto-Glas wieder gut säubern und etwas Öl auf die Oberfläche geben, damit das Pesto nicht verderben kann.

TAG
06

MAHLZEIT 1

Fruchtiger Couscous-Salat

FÜR 1 PORTION

75 g Couscous
150 ml Wasser
½ TL Instant-Brühe
20 g ungeschälte Mandeln
4 getrocknete Tomaten in Öl
30 g getrocknete Cranberrys
2 EL Olivenöl
3 EL Balsamico
Salz, Pfeffer

Zubereitungszeit:
ca. 15 Minuten
Nährwerte: ca. 750 Kalorien

ZUBEREITUNG

1. In einem kleinen Topf den Couscous mit dem Wasser und der Brühe verrühren. Einmal aufkochen, dann bei ganz schwacher Hitze noch 2 Minuten garen, anschließend noch 2–3 Minuten quellen lassen.
2. Die Mandeln etwas kleiner hacken. Die Tomaten in Streifen oder Würfel schneiden. Beides zusammen mit den Cranberrys zum Couscous geben. Das Öl und den Balsamico darüberträufeln, alles mischen und mit Salz und Pfeffer abschmecken.

VARIANTEN

- Falls frische Kräuter zur Verfügung stehen, einige Schnittlauchröllchen obenauf streuen. Auch Minze passt gut.
- Müsli-Fans haben vielleicht ohnehin fürs Frühstück verschiedene getrocknete Früchte im Vorrat. Für farbliche Abwechslung sorgen beispielsweise getrocknete Aprikosen statt der Cranberrys.

TIPP

Couscous braucht wenig Flüssigkeit und hat eine sehr kurze Garzeit, ist also ideal für den Vorrat und auch außerhalb von Notfall-Zeiten als schnell zubereitete Beilage äußerst beliebt.

Cremige Polenta mit Pfifferlingen

FÜR 1 PORTION

300 ml Wasser
½ TL Instant-Brühe
75 g feiner Maisgrieß (Polenta)
2 Ecken Schmelzkäse (à ca. 30 g)
1 kleines Glas Pfifferlinge (ca. 100 g Abtropfgewicht)
25 g magere rohe Schinkenwürfel
Salz, Pfeffer
edelsüßes Paprikapulver
50 g geriebener Käse

Zubereitungszeit: ca. 15 Minuten
Nährwerte: ca. 720 Kalorien

ZUBEREITUNG

1. Das Wasser mit der Instant-Brühe in einem kleinen Topf aufkochen. Den Maisgrieß einrühren, bei schwacher Hitze 1–2 Minuten garen.
2. Den Schmelzkäse zur Polenta dazugeben und unter Rühren schmelzen lassen. Die Polenta dann auf einen Teller umfüllen. Den Topf dabei weitgehend leeren und für den nächsten Schritt weiterverwenden.
3. Die Pfifferlinge mit ihrem Einlegesud sowie die Schinkenwürfel in den Topf geben, mit Salz, Pfeffer und Paprikapulver würzen und einmal aufkochen lassen. Die Pilz-Schinken-Mischung auf der Polenta verteilen und mit geriebenem Käse sowie mit etwas Paprikapulver bestreuen.

TIPPS

- Es gibt viele verschiedene Pilze konserviert zu kaufen. Am feinsten schmecken Pfifferlinge, und hier am allerbesten kleinere Exemplare.
- Heute werden die übrigen Schmelzkäse-Ecken ebenso wie der restliche geriebene Käse verarbeitet. So kann nichts verderben.

TIPP

Wächst Schnittlauch im Garten? Einige Halme in feine Röllchen schneiden und über die anderen Zutaten streuen.

MAHLZEIT 1

Pesto-Püree mit Kraut

FÜR 1 PORTION

ca. 125 ml Wasser (siehe Tipps)
½ Beutel Kartoffelpüree für 2 Portionen (also nur 1 Portion zubereiten)
100 g Pesto rosso (den Rest aus dem Glas verwenden)
1 kleine Dose Sauerkraut (285 g Abtropfgewicht)
1 TL getrockneter Thymian
Salz, Pfeffer
3–4 TL kleine Kapern (den Rest aus dem Glas verwenden)

Zubereitungszeit:
ca. 10 Minuten
Nährwerte: ca. 635 Kalorien

ZUBEREITUNG

1. In einem kleinen Topf das Wasser (etwas weniger Wasser als auf der Püreepackung für 1 Portion angegeben) aufkochen. In eine Schüssel umfüllen, das Püreepulver und etwa ⅔ des Pestos einrühren und das Püree zugedeckt beiseitestellen.
2. Sauerkraut und Thymian in den Topf geben, das Kraut einmal aufkochen.
3. Das Kraut mit Salz und Pfeffer abschmecken und zum Püree servieren, das restliche Pesto und die Kapern dazugeben.

VARIANTEN

Sollten Sie mehrere Gewürze in Ihrem Vorrat zur Auswahl haben, können Sie das Sauerkraut nach Belieben aromatisieren. Gut passen bei dieser Kombi zum Beispiel Knoblauch oder etwas Kümmel. Auch Röstzwiebeln eignen sich als Topping.

TIPPS

- Wenn Sie das Püree mit der auf der Packung angegebenen Wassermenge zubereiten, wird es durch die Zugabe von Pesto möglicherweise zu flüssig. Deshalb anfangs etwas weniger Wasser aufkochen.
- Von Pesto und Kapern werden die angebrochenen Gläser bei diesem Rezept aufgebraucht, damit nichts verdirbt.

MAHLZEIT 2

Nudeln mit Corned Beef

FÜR 1 PORTION

1 Zwiebel
1 Knoblauchzehe (nach Belieben)
1 EL Olivenöl
200 ml Wasser
½ Päckchen Hafercreme (250 ml Inhalt; also nur 125 ml bei diesem Rezept verwenden)
Salz, Pfeffer
100 g Nudeln (Hartweizen, z.B. Girandole; Kochzeit: ca. 6 Min.)
½ Glas Corned Beef (200 g Inhalt; also nur 100 g bei diesem Rezept verwenden)
1–2 EL Schnittlauchröllchen (falls vorhanden)

Zubereitungszeit: ca. 15 Minuten
Nährwerte: ca. 710 Kalorien

ZUBEREITUNG

1. Die Zwiebel schälen und in kleine Würfel schneiden. Den Knoblauch schälen und ebenfalls in Würfel schneiden.
2. Das Olivenöl in einem Topf erhitzen, die Zwiebel- und die Knoblauchwürfel darin rundherum goldbraun anbraten.
3. Wasser und Hafercreme angießen und zum Kochen bringen, mit etwas Salz und Pfeffer würzen, die Nudeln hineingeben und offen unter ständigem Rühren ca. 6 Minuten köcheln lassen. Löffelweise weiteres Wasser dazugeben, wenn die Mischung zu trocken wird.
4. Das Corned Beef unter die Nudeln rühren, alles noch kurz zusammen erhitzen, dann abschmecken und nach Belieben mit Schnittlauchröllchen bestreuen.

TIPPS

- Die Nudeln während des Kochens ständig umrühren, damit alles gleichmäßig gart und nichts anbrennt. Wird alles zu trocken, weiteres Wasser oder eine andere Flüssigkeit darunterrühren.
- Den Rest von Corned Beef und Hafercreme zugedeckt beiseitestellen, beides kommt am nächsten Tag in leckere Pfannkuchen.

VARIANTEN

- Wenn Sie Oliven oder Kapern im Vorrat haben, verwenden Sie diese als Topping.
- Satt der Hafercreme können Sie auch jede andere Pflanzencreme, Milch (H-Milch) oder Wasser nehmen.

Alternative Kochgeräte & Kochmethoden

Wenn der Strom ausfällt ...

... streiken Herd und Backofen, ebenso der Kühlschrank und die Wasserversorgung, denn dafür sind Pumpen notwendig. Und die benötigen Strom. Trotzdem muss die Küche nicht kalt bleiben - sofern Sie vorgesorgt haben.

Gas- oder Elektroherd

Klar, ein Elektroherd funktioniert nicht, wenn der Strom ausfällt. Eigentlich unvorstellbar, aber dennoch sollten Sie sich einmal Gedanken darüber machen. Dieses Szenario kann durchaus eintreten. Glücklich dran könnten dann alle sein, die ohnehin mit Gas kochen. Aber Achtung – moderne Gasherde werden oft elektronisch gesteuert und hierfür ist auch wieder Strom nötig. Ältere Gasherde hingegen sind nicht an eine elektrische Leitung angeschlossen, funktionieren also problemlos bei einem Blackout. Lesen Sie einmal in der Gebrauchsanweisung Ihres Herds nach. Vielleicht lässt sich die elektronische Zündung mit einem Streichholz überlisten.

Grill-Fans aufgepasst!

Ebenfalls glücklich schätzen kann sich, wer einen Gas- oder Holzkohlegrill im Garten oder auf der Terrasse stehen hat. Denn auch darauf lässt sich nicht nur grillen, sondern praktischerweise ebenso kochen. Am besten geeignet sind Haubengrills, da sich unter der Haube die Hitze sammelt und für konstante Temperaturen sorgt. Echte Grill-Spezialisten backen schließlich sogar Kuchen auf ihrem Grill.

Zum Kochen müssen Sie den Grill vorheizen – am besten bei geschlossenem Deckel. Extreme Hitze ist dabei nicht nötig – auch im Backofen benötigen Sie normalerweise zum Erhitzen von Speisen oder Backen von Aufläufen maximal 200°C. Viele moderne Grillgeräte sind mit Thermometern ausgestattet, damit lässt sich die Hitze natürlich am einfachsten regulieren. Dann kommen die Zutaten in grillgeeigneten Schalen oder Töpfen auf den Rost. Gut zugedeckt, ist alles schnell erhitzt bzw. gar.

Wenn Sie Ihren Grill zum Kochen einsetzen, bedenken Sie auf jeden Fall, dass der zur Verfügung stehende Vorrat an Energie begrenzt ist. Sicher lagern nicht etliche Säcke Holzkohle in Garage oder Gartenhaus, und auch von Gasflaschen stehen maximal zwei Stück zur Verfügung. Unbedingt beachten müssen Sie zudem, dass Sie nur im Freien grillen dürfen, in geschlossenen Räumen herrscht

Vergiftungsgefahr! Ohnehin sollten Sie vor dem Grillen die Gebrauchsanleitung Ihres Geräts gelesen haben – und aufbewahren.

Praktisch für Notfälle: ein Campingkocher

Jeder Camper kennt sie: die kleinen Gaskocher, bei denen sich der Brenner direkt über der halbrunden, meist blauen Kartusche befindet. Sie sind praktisch, da sie wenig Platz benötigen, kaum Gewicht haben und sich einfach transportieren lassen. Ihr Nachteil: Die Kocher sind meist etwas wackelig und brauchen eine stabile Unterlage, damit sie nicht umkippen.
Einfache Geräte gibt es bereits ab etwa 10 Euro zu kaufen. Fündig werden Sie in Baumärkten oder bei Campingausrüstern. Auch die großen Discounter haben regelmäßig Campingkocher im Angebot. Stellen Sie sich einen Kocher in den Keller, dann sind Sie für Notsituationen gut gerüstet.
Keine Angst haben müssen Sie vor dem Umgang mit den kleinen Kochern. Die Kartuschen werden nur aufgesteckt oder aufgeschraubt, spezielles Werkzeug ist nicht nötig. Als Brennstoff dient meist ein Butan-Propan-Gemisch, manchmal auch nur Butan. Es gibt die Kartuschen in unterschiedlichen Größen, am beliebtesten sind die mit 190 Gramm Inhalt. Sie sind preisgünstig, und mit einer Kartusche können Sie in der Regel ein bis eineinhalb Stunden kochen. Wenn Sie drei oder vier dieser Kartuschen vorätig haben und sich an unsere Rezepte halten, wird die Energie reichen.

Campingkocher mit mehr Komfort

Neben den kleinen Kochern gibt es auch andere Campingkocher, die größer und schwerer und deshalb für eine lange Wanderung nicht geeignet sind. Dank ihrer rechteckigen Form stehen sie sehr sicher auf nahezu allen ebenen Flächen, die Gefahr des Umkippens besteht hier nicht. Im Aussehen ähneln sie einer Einzelkochstelle eines Küchengasherds. Energie spendet bei diesen Geräten eine flaschenförmige Butangas-Kartusche, die im Gerät neben der Kochstelle liegt. Die meisten dieser Kocher sind komfortabel zu bedienen, die Flaschen lassen sich leicht einlegen und dank Piezozündung sind normalerweise nicht einmal Streichhölzer nötig. Die Flaschen enthalten etwa 220 Gramm, auch hier können Sie mit einer Flasche ein bis eineinhalb Stunden kochen, sodass zwei Flaschen bei sparsamem Einsatz für 14 Tage ausreichen.

Sonstige Kochgeräte

Neben den beschriebenen Gaskochern gibt es die Kochgeräte für Spezialisten: so etwa mehrflammige Kochstellen, quasi ein Gasherd zum Mitnehmen, an den eine große Gasflasche angeschlossen werden muss und den sicher nur wahre Profi-Camper in ihrer Ausstattung haben. Auch Solarkocher und Dutch Oven finden sich eher bei echten Outdoor-Freaks. Dann gibt es noch Benzinkocher sowie Kocher, die mit dem Trockenbrennstoff Esbit betrieben werden und nicht ganz ungefährlich in der Handhabung sind.

TAG
08

MAHLZEIT 1

Hamburger Pfannkuchen

FÜR 1 PORTION

1 kleine Dose Erbsen (140 g Abtropfgewicht)
½ Päckchen Hafercreme (250 ml Inhalt; also nur 125 ml bei diesem Rezept verwenden)
1 Ei
50 g Mehl
Salz
½ Zwiebel (siehe Tipps)
1 EL Öl
½ Glas Corned Beef (200 g Inhalt; also nur 100 g bei diesem Rezept verwenden)
1 TL getrockneter Thymian
Pfeffer
edelsüßes Paprikapulver

Zubereitungszeit: ca. 10 Minuten
Nährwerte: ca. 650 Kalorien

ZUBEREITUNG

1. Den Sud aus der Erbsendose mit der Hafercreme und dem Ei verquirlen. Das Mehl und 1 Prise Salz dazugeben und zu einem glatten Teig verrühren.
2. Die Zwiebel schälen und in kleine Würfel schneiden. 1 TL Öl in einer Pfanne erhitzen, die Zwiebel darin goldbraun anbraten. Corned Beef, Erbsen und Thymian dazugeben, mit Salz, Pfeffer und Paprikapulver abschmecken und einmal aufkochen. Die Mischung auf einen Teller umfüllen und zugedeckt warm halten.
3. Das restliche Öl in der Pfanne erhitzen, den Pfannkuchenteig hineingeben und 3–4 Minuten bei mittlerer Hitze von beiden Seiten goldbraun backen. Den Pfannkuchen mit dem Corned Beef anrichten.

TIPPS

- Der Sud aus der Erbsendose wird mit verwendet, damit keine Flüssigkeit verschwendet wird.
- Den Rest der Zwiebel in Klarsichtfolie gewickelt bis zum Abend beiseitelegen.
- Die Reste von Hafercreme und Corned Beef werden hier verarbeitet.

VARIANTEN

- Statt der Erbsen passen ebenso gut Mais oder Kichererbsen zum Corned Beef.
- Wenn frischer Thymian im Garten steht, streuen Sie einige Blättchen über das fertige Gericht.

Asia-Tomatensuppe

FÜR 1 PORTION

½ Zwiebel (den Rest vom Mittagessen)
1 Knoblauchzehe (nach Belieben)
1 EL Öl
2–3 TL Currypulver
1 Dose gehackte Tomaten (400 g)
⅓ Pck. Express-Reis (z.B. Basmati; 250 g Inhalt; also nur ca. 80 g für dieses Rezept verwenden)
⅓ Glas Sojabohnenkeime (160 g Abtropfgewicht; also nur ca. 50 g für dieses Rezept verwenden)
Sojasauce (sofern vorhanden)
Salz, Pfeffer
1–2 EL geröstete gesalzene Cashew- oder Erdnusskerne

Zubereitungszeit: ca. 10 Minuten
Nährwerte: ca. 620 Kalorien

ZUBEREITUNG

1. Die Zwiebel schälen und in kleine Würfel schneiden. Den Knoblauch schälen und ebenfalls in würfel schneiden.
2. Das Öl in einem Topf erhitzen, die Zwiebel- und die Knoblauchwürfel darin rundherum goldbraun anbraten. Das Currypulver darüberstreuen und kurz andünsten, dann die gehackten Tomaten dazugeben und aufkochen lassen.
3. Den Express-Reis und die Sojabohnenkeime mit einem Großteil der Flüssigkeit aus dem Glas zur Suppe geben und alles 1–2 Minuten bei schwacher Hitze köcheln lassen. Mit Sojasauce, Salz und Pfeffer abschmecken. Die Cashew- oder Erdnusskerne obenauf streuen.

TIPPS

- Wenn Ihnen die Suppe zu dick ist, rühren Sie zusätzlich etwas Wasser und 1 gute Prise Instant-Brühe darunter.
- Den Rest der Sojabohnenkeime im verschlossenen Glas beiseitestellen, er kommt am nächsten Tag im süß-sauren Reis zum Einsatz.

VARIANTE

Statt Sojabohnenkeime passen auch Mungobohnenkeime. Vorteil bei Sojabohnenkeimen: Sie haben mehr Biss.

MAHLZEIT 1

Reis süß-sauer

FÜR 1 PORTION

1 Zwiebel
1 Knoblauchzehe (nach Belieben)
1 EL Öl
2 TL Currypulver
⅔ Pck. Express-Reis (z.B. Basmati; 250 g Inhalt; also nur ca. 160 g für dieses Rezept verwenden)
⅔ Glas Sojabohnenkeime (160 g Abtropfgewicht; also nur ca. 100 g für dieses Rezept verwenden)
½ Dose Ananasscheiben (140 g Abtropfgewicht; also nur 70 g für dieses Rezept verwenden)
2 EL Essig
Salz, Pfeffer
2 EL geröstete Cashew- oder Erdnusskerne

Zubereitungszeit: ca. 10 Minuten
Nährwerte: ca. 690 Kalorien

ZUBEREITUNG

1. Die Zwiebel schälen und in kleine Würfel schneiden. Den Knoblauch schälen und ebenfalls in Würfel schneiden.
2. Das Öl in einem Topf erhitzen, die Zwiebel- und die Knoblauchwürfel darin rundherum goldbraun anbraten. Das Currypulver darüberstreuen und kurz andünsten.
3. Den Express-Reis und die Sojabohnenkeime samt Sud dazugeben und einmal aufkochen lassen.
4. Die Ananasscheiben klein schneiden und untermischen, alles mit Essig, Salz und Pfeffer abschmecken und mit gerösteten Cashew- oder Erdnusskernen bestreuen.

TIPP

Bei diesem Rezept von Reis und Sojabohnenkeimen den Rest aus der Packung bzw. aus dem Glas verwenden. Von den Sojabohnenkeimen wandert auch der Sud mit in den Topf – schließlich soll keine Flüssigkeit verschwendet werden.

VARIANTE

Steht eine Flasche Sojasauce in Ihrem Vorrat? Schmecken Sie den Reis damit ab, das verstärkt die asiatische Note.

MAHLZEIT 2

Süße Ananas-Polenta

FÜR 1 PORTION

½ Dose Ananasscheiben (140 g Abtropfgewicht; also nur 70 g für dieses Rezept verwenden)
1 kleine Pck. Kokosmilch (200 ml)
50 g Maisgrieß (Polenta)
1–2 EL Honig oder Ahornsirup
1–2 EL ungeschälte Mandeln

Zubereitungszeit: ca. 15 Minuten
Nährwerte: ca. 710 Kalorien

ZUBEREITUNG

1. Dem Sud aus der Ananasdose in einen kleinen Topf gießen. Die Kokosmilch dazugießen. Die Mischung zum Kochen bringen, den Maisgrieß einrühren und bei schwacher Hitze ca. 5 Minuten cremig kochen.
2. Die Polenta auf einen Teller umfüllen, die Ananas dazugeben und alles mit Honig oder Ahornsirup beträufeln. Die Mandeln grob hacken und obenauf streuen.

TIPP

Kokosmilch wird oft auch in kleinen Dosen verkauft – darin sind nur 160 ml enthalten. Wenn Sie solch eine Dose statt eines kleinen Tetrapacks im Vorrat haben, nehmen Sie für das Rezept etwas weniger Maisgrieß oder geben Sie löffelweise etwas Wasser dazu.

VARIANTEN

Die Ananas-Polenta schmeckt auch mit etwas Konfitüre oder einem Fruchtsirup sehr gut.

MAHLZEIT 1

Capellini mexikanische Art

FÜR 1 PORTION

1 große Zwiebel
1 TL Olivenöl
250 ml Wasser
½ TL Instant-Brühe
100 g Capellini
1 kleine Dose Maiskörner (ca. 140 g Abtropfgewicht)
1 kleine Dose Kidneybohnen (ca. 125 g Abtropfgewicht)
Salz, Pfeffer
edelsüßes Paprikapulver

Zubereitungszeit: ca. 10 Minuten
Nährwerte: ca. 710 Kalorien

ZUBEREITUNG

1. Die Zwiebel schälen und in dünne Scheiben schneiden, die Scheiben halbieren. Das Öl in einem Topf erhitzen, die Zwiebelringe darin leicht anbraten.
2. Das Wasser angießen und die Instant-Brühe einrühren, das Wasser aufkochen.
3. Die Capellini einmal durchbrechen, in das Wasser geben und bei mittlerer Hitze unter ständigem Rühren ca. 3 Minuten bissfest garen. Wenn die Mischung zu trocken wird, löffelweise Wasser darunterrühren.
4. Den Mais und die Kidneybohnen samt Sud aus den Dosen dazugeben, alles einmal aufkochen, mit Salz, Pfeffer und Paprikapulver würzen und evtl. mit Schnittlauch bestreut servieren.

TIPP

Achtung – die Capellini sind blitzschnell gar, Sie sollten nahezu konstant rühren, damit nichts anbrennt.

VARIANTEN

- Wenn Sie Gewürze wie Kreuzkümmel oder eine Tex-Mex-Mischung im Vorrat haben, schmecken Sie die Nudeln damit ab. Für Schärfe können Sie beispielsweise mit Tabasco oder Chiliflocken sorgen – beides hält sich lang.
- Wenn Sie Schnittlauch im Garten haben, streuen Sie einige Röllchen über die Nudeln.

Curryfladen mit Rührei

FÜR 1 PORTION

1 kleine Dose Kichererbsen (ca. 130 g Abtropfgewicht)
80 g Mehl
2 TL Currypulver
Salz
2 TL Öl
ca. 3 EL Wasser
3 Eier
Pfeffer
edelsüßes Paprikapulver

Zubereitungszeit:
ca. 15 Minuten
Nährwerte: ca. 735 Kalorien

ZUBEREITUNG

1. Den Sud aus der Kichererbsendose in eine kleine Schüssel abgießen, das Mehl, Currypulver, ½ TL Salz und 1 TL Öl dazugeben. Mit 2 EL Wasser verrühren und auf der Arbeitsfläche zu einem glatten Teig verkneten. Dabei teelöffelweise weiteres Wasser dazugeben, bis der Teig gut zusammenhält, aber nicht klebrig wird.
2. Den Teig so lange kneten, bis er geschmeidig wird. In 2 Portionen teilen und jeweils zu 12–15 cm großen Fladen auseinanderdrücken und auseinanderziehen (oder ausrollen).
3. Eine Pfanne (mindestens 20 cm Durchmesser) stark erhitzen. Die Fladen darin nacheinander von beiden Seiten kurz backen, bis sie sich leicht aufblähen und braune Flecken bekommen. Auf einem Teller beiseitelegen.
4. Das restliche Öl in der Pfanne erhitzen, die Eier einzeln aufschlagen und in die Pfanne geben, verquirlen und mit Salz, Pfeffer und Paprikapulver würzen. Die Eier leicht stocken lassen, dann die Kichererbsen untermischen und mit erhitzen. Das Kichererbsen-Rührei zu den Fladen servieren.

TIPP

Der Sud aus der Kichererbsendose kommt mit in den Teig, damit keine Flüssigkeit verschwendet wird.

TAG
11

MAHLZEIT 1

Kaminwurzen mit Gemüse-Püree

FÜR 1 PORTION

½ Pck. luftgetrocknete Hartwurst (z.B. Kaminwurzen; siehe Tipp)
1 große Zwiebel
Pfeffer
1 kleine Dose Erbsen mit Möhren (ca. 130 g Abtropfgewicht)
ca. 125 ml Wasser (siehe Tipps)
½ Beutel Kartoffelpüree für 2 Portionen (also nur 1 Portion zubereiten)
Salz
30 g Mandeln

Zubereitungszeit:
ca. 10 Minuten
Nährwerte: ca. 670 Kalorien

ZUBEREITUNG

1. Die Hartwurst in Scheiben schneiden und in einen Topf geben. Die Zwiebel schälen und in Spalten schneiden, zur Wurst in den Topf geben. Mit Pfeffer würzen und bei mittlerer bis starker Hitze ca. 3 Minuten braten, dann auf einen Teller umfüllen und zugedeckt warm halten.
2. Den Sud aus der Erbsendose in den Topf gießen. Das Wasser angießen, die Flüssigkeit einmal aufkochen lassen. Das Püreepulver einrühren, die Mischung mit etwas Salz und Pfeffer abschmecken und zur gebratenen Wurst geben. Die Mandeln etwas kleiner hacken und darüberstreuen.

TIPPS

- In der von uns vorgeschlagenen Hartwurstpackung sind 8 dünne Kaminwurzen enthalten. Für dieses Rezept verwenden Sie nur 4 Stück, das entspricht etwa 75 Gramm.
- Der Sud aus der Gemüsedose wird für das Püree mit verwendet. Die Wassermenge müssen Sie deshalb der Angabe auf der Püreepackung anpassen.

VARIANTE

Das Püree zusätzlich mit ½ TL getrocknetem Thymian würzen. Oder frische Thymianblättchen darüberstreuen, sollten ein Strauch in Ihrem Garten wachsen.

Couscous mit Kichererbsen

FÜR 1 PORTION

60 g Couscous
125 ml Wasser
½ TL Instant-Brühe
¼ TL getrockneter Thymian
1 kleine Dose Kichererbsen (ca. 130 g Abtropfgewicht)
20 g Mandeln
4 getrocknete Tomaten in Öl
20 g getrocknete Cranberrys
Salz, Pfeffer
frischer Thymian (falls vorhanden)

Zubereitungszeit: ca. 15 Minuten
Nährwerte: ca. 700 Kalorien

ZUBEREITUNG

1. In einem kleinen Topf den Couscous mit Wasser, Instant-Brühe und Thymian verrühren. Die Kichererbsen mit dem Sud aus der Dose dazugeben, alles einmal aufkochen, dann bei ganz schwacher Hitze noch 2 Minuten garen, anschließend noch 2–3 Minuten quellen lassen.
2. Die Mandeln etwas kleiner hacken. Die Tomaten in Streifen oder Würfel schneiden. Beides zusammen mit den Cranberrys zum Couscous geben. Alles mischen und mit Salz und Pfeffer abschmecken. Wenn vorhanden, einige Blättchen frischen Thymian obenauf streuen.

TIPP

Couscous braucht mal mehr, mal weniger Wasser. Wenn Ihre Mischung zu trocken wird, rühren Sie löffelweise Wasser darunter.

VARIANTE

Immer lecker und ungemein vielseitig: geräuchertes Paprikapulver. Wenn Sie etwas davon im Vorratsschrank haben, das Couscous damit würzen.

TAG
12

MAHLZEIT 1

Eier im Tomatenbett

FÜR 1 PORTION

2 Zwiebeln
1 Knoblauchzehe (nach Belieben)
1 EL Olivenöl
4 getrocknete Tomaten in Öl
½ Dose gehackte Tomaten (400 g Inhalt; also nur ½ Dose für dieses Rezept verwenden)
Salz, Pfeffer
½ TL getrockneter Thymian
⅓ Pck. Express-Reis (z.B. Basmati; 250 g Inhalt; also nur ca. 80 g für dieses Rezept verwenden)
2 Eier
30 g Mandeln

Zubereitungszeit: ca. 15 Minuten
Nährwerte: ca. 650 Kalorien

TIPP

Den Rest aus der Tomatendose in eine Tasse umfüllen und zugedeckt beiseitestellen, er wird an Tag 13 verarbeitet.

ZUBEREITUNG

1. Die Zwiebeln schälen und in Spalten schneiden. Den Knoblauch schälen und hacken. Das Olivenöl in einer Pfanne erhitzen, Zwiebeln und Knoblauch darin bei starker Hitze goldbraun braten.
2. Die eingelegten Tomaten etwas kleiner schneiden, zusammen mit gehackten Tomaten in die Pfanne geben. Mit Salz, Pfeffer und Thymian würzen, den Reis untermischen und einmal aufkochen lassen.
3. Zwei Mulden in der Tomatenmasse formen, die Eier einzeln aufschlagen und in diese Mulden gleiten lassen, zugedeckt bei mittlerer Hitze 2–3 Minuten garen, bis das Eiweiß gestockt ist.
4. Die Mandeln etwas kleiner hacken und obenauf streuen.

VARIANTEN

- Nach Belieben ein oder zwei Scheiben Knäckebrot oder einige Grissini dazu knabbern.
- Die Eier statt mit Mandeln mit gerösteten gesalzenen Erdnuss- oder Cashewkernen bestreuen.

MAHLZEIT 2

Südtiroler Nudeln

FÜR 1 PORTION

½ Pck. luftgetrocknete Hartwurst (z.B. Kaminwurzen)
1 kleine Zwiebel
1 TL Olivenöl
200 ml Wasser
Pfeffer
80 g Nudeln (Hartweizen, Kochzeit: ca. 6 Min.; z.B. Girandole)
1 kleine Dose Maiskörner (ca. 140 g Abtropfgewicht)

Zubereitungszeit: ca. 15 Minuten
Nährwerte: ca. 725 Kalorien

ZUBEREITUNG

1. Die Hartwurst in Scheiben schneiden und in einen Topf geben. Die Zwiebel schälen und in kleine Würfel schneiden, zur Wurst geben. Das Olivenöl ebenfalls dazugeben, alles erhitzen und ca. 2 Minuten bei mittlerer Hitze braten.
2. Das Wasser angießen und zum Kochen bringen, mit etwas Salz und Pfeffer würzen, die Nudeln hineingeben und offen unter ständigem Rühren ca. 4 Minuten bei mittlerer bis starker Hitze köcheln lassen.
3. Den Mais samt Sud aus der Dose dazugeben und alles weitere 2–3 Minuten garen (siehe Tipps), dann abschmecken und servieren.

TIPPS

- Bei den Nudeln während des Kochens ständig rühren, damit alles gleichmäßig gart und nichts anbrennen kann. Zudem löffelweise weiteres Wasser dazugeben, wenn die Mischung zu trocken wird.
- Die restlichen Kaminwurzen aus der Packung werden heute verwendet. Es sind 4 Stück bzw. etwa 75 g Hartwurst.

VARIANTE

Falls Sie frisches Basilikum zur Verfügung haben, streuen Sie einige Blättchen über die Nudeln.

TAG 13

MAHLZEIT 1

Cranberry-Reis mit Kirschen

FÜR 1 PORTION

⅔ Pck. Express-Reis (z.B. Basmati; 250 g Inhalt; also nur ca. 160 g für dieses Rezept verwenden)
125 ml Milch
1 EL Honig oder Ahornsirup
30 g getrocknete Cranberrys
1 kleines Glas entsteinte Sauerkirschen (ca. 185 g Abtropfgewicht)

Zubereitungszeit:
ca. 15 Minuten
Nährwerte: ca. 700 Kalorien

ZUBEREITUNG

1. Reis, Milch und Honig oder Ahornsirup in einem Topf unter Rühren zum Kochen bringen.
2. Die Cranberrys untermischen und den Reis zugedeckt einige Minuten ohne Hitzezufuhr quellen lassen, damit er cremig wird.
3. Die Kirschen in einem Sieb abtropfen lassen (siehe Tipps) und auf den Reis geben.

TIPPS

- Die zweite Milchpackung wird heute angebrochen – den Rest benötigen Sie noch heute Abend und morgen.
- Den abgetropften Kirschsaft mit Mineralwasser verdünnt als Schorle trinken.

VARIANTE

Sie haben (noch) andere Früchte im Vorrat? Auch diese können Sie zum süßen Reis kombinieren.

Thymian-Polenta mit Thunfisch

FÜR 1 PORTION

250 ml Milch
½ TL Instant-Brühe
1 TL getrockneter Thymian
60 g feiner Maisgrieß (Polenta)
Salz, Pfeffer
1 kleine Dose Thunfisch im eigenen Saft (ca. 56 g Abtropfgewicht)
½ Dose gehackte Tomaten (400 g Inhalt; also nur ½ Dose für dieses Rezept verwenden)
4 getrocknete Tomaten in Öl

Zubereitungszeit: ca. 15 Minuten
Nährwerte: ca. 620 Kalorien

ZUBEREITUNG

1. Die Milch mit der Instant-Brühe und dem Thymian in einem kleinen Topf aufkochen. Den Maisgrieß einrühren, bei schwacher Hitze 2–3 Minuten unter häufigem Rühren garen.
2. Die Polenta mit Salz und Pfeffer abschmecken und auf einen Teller umfüllen. Den Topf dabei weitgehend leeren und für den nächsten Schritt wiederverwenden.
3. Thunfisch und gehackte sowie die getrockneten Tomaten in den Topf geben und kurz erhitzen, alles mit Salz und Pfeffer abschmecken und zur Polenta geben.

TIPPS

- Keine Milch mehr im Vorrat? Nehmen Sie Wasser und etwas mehr Instant-Brühe. Wenn noch für das Frühstück eingeplante Dosenmilch bereitsteht, einen Schuss hiervon zur Polenta geben.
- Der Rest aus der am Vortag geöffneten Tomatendose kommt hier zum Einsatz.

VARIANTE

Einige geröstete gesalzene Cashew- oder Erdnusskerne hacken und obenauf streuen.

TAG
14

MAHLZEIT 1

Hähnchen mit Kartoffelpüree

FÜR 1 PORTION

125 ml Milch
ca. 50 ml Wasser (siehe Tipp)
½ Beutel Kartoffelpüree für 2 Portionen (also nur 1 Portion zubereiten)
½ TL getrockneter Thymian
Salz, Pfeffer
1 EL Öl
1 Dose Hähnchenfleisch im eigenen Saft (ca. 300 g)
edelsüßes Paprikapulver

Zubereitungszeit: ca. 10 Minuten
Nährwerte: ca. 745 Kalorien

ZUBEREITUNG

1. In einer Pfanne die Milch und das Wasser (Flüssigkeitsmenge wie auf der Püreepackung für 1 Portion angegeben) aufkochen. In eine Schüssel umfüllen, das Püreepulver und den Thymian einrühren, das Püree mit Salz und Pfeffer würzen und beiseitestellen.
2. Die Pfanne mit einem Blatt Küchenpapier auswischen. Das Öl darin erhitzen. Das Hähnchenfleisch in der Dose mit einem Messer in Stücke schneiden, in die Pfanne geben und im Öl bei mittlerer bis starker Hitze ca. 2 Minuten anbraten.
3. Das Hähnchenfleisch nach Belieben mit etwas Pfeffer abschmecken und zusammen mit dem Püree servieren. Etwas Paprikapulver darüberstreuen.

TIPP

Die restliche Milch aus unserem Notfall-Vorrat wird für das Püree verwendet. Wenn keine Milch mehr übrig ist, nehmen Sie mehr Wasser. Die Flüssigkeitsmenge sollte der Angabe auf der Püreepackung entsprechen.

VARIANTE

Wenn Sie scharfes Essen mögen und entsprechende Gewürze im Vorratsschrank haben, können Sie mit einer kleinen Menge davon das Hähnchenfleisch leicht feurig abschmecken.

Pilz-Nudeln mit Ei

FÜR 1 PORTION

1 Zwiebel
1 EL Olivenöl
200 ml Wasser
½ TL Instant-Brühe
80 g Nudeln (Hartweizen, Kochzeit: ca. 6 Min.; z. B. Girandole)
1 kleine Dose Champignons (ca. 170 g Abtropfgewicht)
2 Eier
20 g Mandeln
Salz, Pfeffer

Zubereitungszeit: ca. 15 Minuten
Nährwerte: ca. 690 Kalorien

ZUBEREITUNG

1. Die Zwiebel schälen und in kleine Würfel schneiden. Das Olivenöl in einem Topf erhitzen, die Zwiebel darin rundherum goldbraun anbraten.
2. Das Wasser angießen, mit Instant-Brühe würzen und zum Kochen bringen. Die Nudeln hineingeben und offen unter ständigem Rühren ca. 4 Minuten köcheln lassen.
3. Die Pilze samt Sud aus der Dose zu den Nudeln geben, alles noch 1–2 Minuten kochen lassen. Löffelweise weiteres Wasser dazugeben, wenn die Mischung zu trocken wird.
4. Die Eier vorsichtig unter die Nudeln rühren, alles noch kurz zusammen erhitzen, bis die Eier komplett gestockt sind.
5. Die Mandeln etwas kleiner hacken. Die Nudeln abschmecken und mit Mandeln bestreuen.

TIPP

Wenn Sie keine Zwiebel mehr im Vorrat haben, garen Sie die Nudeln einfach in mit Brühe gewürztem Wasser. Schauen Sie in Ihren Vorrat, was noch an Gewürzen vorhanden ist, und sorgen Sie mit Ihrem Favoriten für eine besondere Note.

Links, Adressen und Telefonnummern

www.bbk.bund.de
Die Homepage des Bundesamtes für Bevölkerungsschutz und Katastrophenhilfe (BBK) mit einer Fülle an Informationen für jeden, der auf Notsituationen bestmöglich vorbereitet sein möchte.

→ **Kontaktmöglichkeiten**
Bundesamt für Bevölkerungsschutz
und Katastrophenhilfe
Provinzialstraße 93, 53127 Bonn
Postfach 18 67, 53008 Bonn
Telefon: 022899 5500
E-Mail: poststelle@bbk.bund.de

www.bbk.bund.de/DE/Ratgeber/VorsorgefuerdenKat-fall/Checkliste/Checkliste.html
Zum Download angeboten werden ein Ratgeber für Notfall-Vorsorge und richtiges Handeln in Notsituationen sowie eine persönliche Checkliste.

www.bbk.bund.de/DE/NINA/Warn-App_NINA_node.html
Hier gibt es Informationen rund um die Warn-App NINA, die sich aufs Handy laden lässt. Über die App bekommt der Nutzer per Push-Nachricht alle für ihn relevanten Warnmeldungen angezeigt, die Bund, Länder und Gemeinden herausgeben. Ebenso erhält er Bevölkerungsschutz-Warnungen der Behörden aus den Warnsystemen BIWAPP und KATWARN sowie Wetterwarnungen des Deutschen Wetterdienstes DWD und Hochwasserinformationen des Hochwasserportals der Länder.

www.ernaehrungsvorsorge.de/private-vorsorge/notvorrat/
Auf dieser Seite, die vom Bundesministerium für Ernährung, Landwirtschaft und Verbraucherschutz erstellt wird, gibt es allgemeine Informationen über staatliche und private Ernährungsvorsorge ebenso wie eine Vorratstabelle und einen Vorratskalkulator.

→ **Kontaktmöglichkeiten**
Bundesanstalt für Landwirtschaft
und Ernährung
Referat 413 – Marktinformation,
Kritische Infrastrukturen Landwirtschaft
Deichmanns Aue 29, 53179 Bonn
Telefon: 0228 6845-3463
E-Mail: env@ble.de

www.bwl.admin.ch
In der Schweiz ist zuständig das Bundesamt für wirtschaftliche Landesversorgung BWL. Hier lässt sich die Broschüre „Kluger Rat – Notvorrat" herunterladen, die erklärt, was in den Vorrat gehört.

→ **Kontaktmöglichkeiten**
Bundesamt für wirtschaftliche Landesversorgung BWL
Bernastrasse 28, 3003 Bern
Telefon: +41 58 462 21 71
E-Mail: info@bwl.admin.ch

www.zivilschutzverband.at
In Österreich ist zuständig der Zivilschutzverband. Er bietet u.a. Informationen zum Verhalten in verschiedenen Notsituationen sowie eine Broschüre unter dem Titel „Krisenfester Haushalt" zum Download an unter http://zivilschutzverband.at/media/file/49_Bevorraten_V1_web.pdf

→ **Kontaktmöglichkeiten**
Österreichischer Zivilschutzverband – Bundesverband (ÖZSV)
Spiegelgasse 6/13
1010 Wien
E-Mail: office@zivilschutzverband.at

Die wichtigsten Notrufnummern in Deutschland
Polizei: 110
Rettungsdienst und Feuerwehr: 112
Ärztlicher Bereitschaftsdienst: 116 117

Die wichtigsten Notrufnummern in Österreich
Feuerwehr: 122
Polizei: 133
Rettung: 144
Euronotruf: 112
Bergrettung: 140

Die wichtigsten Notrufnummern in der Schweiz
Allgemeiner Notruf: 112
Polizei: 117
Feuerwehr: 118
Sanität: 144

Register

Angelika Ilies
Nach einem Ökotrophologie-Studium und der Arbeit in der Redaktion einer großen Food-Zeitschrift in München ist Angelika Ilies seit Jahren als Buchautorin und Journalistin für kulinarische und ernährungswissenschaftliche Themen tätig. Mal steht dabei der Genuss im Vordergrund, mal die Gesundheit – am allerliebsten aber vereint sie beides in vielfältigen und alltagstauglichen Rezepten. Für dieses Buch hat sie die Supermärkte durchstöbert nach altbekannten und trendigen Lebensmitteln, die lange haltbar und geeignet sind für eine abwechslungsreiche Notfallküche. Immer wieder neu kombiniert, lässt sich damit auch in Ausnahmesituationen bestens kochen und genießen.

Impressum

Kaiserstraße 14 b
D-80801 München

ISBN 978-3-96584-083-6
1. Auflage 2020

Projektleitung: Isabella Thiel, Kathrin Ullerich
Rezepte und Texte: Angelika Ilies
Lektorat: Karin Leonhart
Grafisches Konzept, Grafische Gestaltung und Satz: Geela Eden
Illustrationen: Shutterstock
Herstellung: Frank Jansen
Producing: Jan Russok
Druck und Bindung: optimal media GmbH, Röbel

Kurze Wege schonen die Umwelt
Dieses Buch wurde in Deutschland gedruckt

Die ZS Verlag GmbH ist ein Unternehmen der Edel SE & Co. KGaA, Hamburg.
www.zsverlag.de | www.facebook.com/zsverlag